これだけは知っておきたい！

スタートアップ・ベンチャー企業の労務管理

寺島戦略社会保険労務士事務所
代表・社会保険労務士　寺島有紀

アニモ出版

はじめに

　2008年、アメリカの大手投資銀行「リーマン・ブラザーズ」が経営破綻した、いわゆる「リーマン・ショック」から、10年が経過しました。
　この「100年に一度の経済危機」と呼ばれた未曾有の金融危機により、世界の金融システムは一瞬にして不安定になり、世界の株式や債券の各市場は暴落し、日経平均株価も4割近く下落しました。
　株式市場の低迷によってリーマン・ショック以後しばらくはＩＰＯを行なう会社も大幅に減り、新規上場市場は落ち込みました。
　しかし現在では、景気回復に伴い毎年80社以上が新規上場を果たしており、2017年は新たに東証へ上場した会社は93社と、100社に迫る勢いとなっています。

　景気回復によって、ベンチャーキャピタルによる新興企業への投資が盛んとなっており、最近では、事業会社が自己資金でファンドを設立する「コーポレートベンチャーキャピタル」と呼ばれるような投資ファンドも続々登場しています。
　こうした投資家の後押しにより、資金調達の環境が整っていることを受けて、ここ数年多様なベンチャー企業が誕生しています。
　筆者の会社でも、こうした新進気鋭のベンチャー企業の支援を通して、ベンチャー業界の盛り上がりをひしひしと感じているところです。

　若く勢いがあり、成長性の高い企業が増え、先進的なサービスを生み出し、イノベーションが加速することによって、日本経済がさらに発展していくことで、経済全体の好循環が生まれることは素晴らしいことです。
　しかし、こうしたベンチャー企業には先進的なアイディアや技術

力の強みがある一方で、人事労務や税務などの管理部門はどうしても後手に回ってしまうという傾向があります。
　ベンチャー企業は、ぎりぎりのリソースで日々の業務を回していることが多く、1人の人材が経理も総務も労務も兼務しているということは珍しくありません。

　開発や営業部門が日々のキャッシュを生み出すうえで重要なことはもちろんですが、同じように労務・税務等の内部管理体制を整えていくことは、企業が健全に運営していくうえで非常に重要な要素です。
　将来のIPOを見すえるうえでも、こうした内部管理体制の充実を図ることは避けては通れません。

　本書では、ベンチャー企業の経営者や管理部門担当者に企業フェーズごとの労務管理の全体像をつかんでいただき、また私が社会保険労務士として多くのベンチャー企業の労務をサポートしているなかでの経験にもとづいて、ベンチャー企業独自の労務管理について実務的な視点から解説することを目的としています。
　本書が、読者の皆さまにとって、労務管理の正しい理解につながり、充実した労務管理体制の構築に少しでもお役立ていただければ幸いです。

2019年3月

寺島戦略社会保険労務士事務所
代表・社会保険労務士　寺島 有紀

本書の内容は、2019年3月20日現在の法令等にもとづいています。

> これだけは知っておきたい！
> スタートアップ・ベンチャー企業の労務管理
> **もくじ**

はじめに

PART 1
ベンチャー企業の労務管理の全体像
ベンチャー企業にとって労務管理はなぜ重要なのか

1-1 ──────────── 12
ステージごとに増える労働法上の義務と労務管理の重要性

1-2 ──────────── 19
ベンチャー企業が直面するトラブルの実例

1-3 ──────────── 26
IPOと労務コンプライアンス構築の関係

PART 2

ステージ別／ベンチャー企業の労務管理

会社がやらなければいけないことを知っておこう

2-1 ──────────────── 30

シードステージに必要な労務管理①
社会保険の加入

2-2 ──────────────── 36

シードステージに必要な労務管理②
労働保険の加入

2-3 ──────────────── 38

シードステージに必要な労務管理③
偽装請負のリスク

2-4 ──────────────── 41

シードステージに必要な労務管理④
初めての雇用To doリスト

2-5 ──────────────── 44

シードステージに必要な労務管理⑤
労使協定の締結

2-6 ──────────────── 50

アーリーステージに必要な労務管理①
就業規則の作成・届出

2-7 ——— 62
アーリーステージに必要な労務管理②
柔軟な労働時間制度の導入

2-8 ——— 72
ミドルステージに必要な労務管理①
安全衛生管理体制の整備

2-9 ——— 82
ミドルステージに必要な労務管理②
障害者の雇用義務

2-10 ——— 84
ミドルステージに必要な労務管理③
育児休業・介護休業の本格的な運用

2-11 ——— 86
ミドルステージに必要な労務管理④
労働基準監督署の調査

2-12 ——— 90
IPO準備期に必要な労務管理①
関連書類の整備・保管

2-13 ——— 93
IPO準備期に必要な労務管理②
社会保険・雇用保険の加入状況

2-14 ——— 95
IPO準備期に必要な労務管理③
未払い賃金の確認

PART3
ベンチャー企業の労務管理ケーススタディ
どんな点に注意したらいいの？
早わかりQ＆A

3−1 ──────────────────────────── 100

採用に関するQ＆A①
ビジネスＳＮＳを利用した採用の注意点は？

3−2 ──────────────────────────── 103

採用に関するQ＆A②
副業社員を雇う場合の社会保険等の注意点は？

3−3 ──────────────────────────── 107

採用に関するQ＆A③
外国人の雇用では何に気をつければよい？

3−4 ──────────────────────────── 116

労働時間に関するQ＆A①
スーパーフレックスタイム制の注意点は？

3−5 ──────────────────────────── 121

労働時間に関するQ＆A②
クラウド会議サービスを利用する際の注意点は？

3−6 ──────────────────────────── 123

給与に関するQ＆A①
年俸制を導入したときの残業代はどうなる？

CONTENTS

3−7 ────────── 129

給与に関するQ&A②
デジタルマネーで支払うことは可能？

3−8 ────────── 132

給与に関するQ&A③
ピアボーナス（成果給）の注意点は？

3−9 ────────── 137

制度・組織設計に関するQ&A①
リファラル採用の設計のしかたは？

3−10 ────────── 141

制度・組織設計に関するQ&A②
ティール組織等の労務管理の注意点は？

3−11 ────────── 147

制度・組織設計に関するQ&A③
テレワークを導入するときの注意点は？

PART 4
ベンチャー企業の海外進出の必須知識

海外赴任者の労務管理で留意しておくべきこと

4-1 ──────────────── 154
ベンチャー企業の海外進出はどうなっているか

4-2 ──────────────── 159
海外進出にはどんな形態があるか

4-3 ──────────────── 161
海外勤務のしかたにはどんな形態があるか

4-4 ──────────────── 163
海外進出時のリスクを軽減するためには

4-5 ──────────────── 165
海外赴任者に必要な労務管理

4-6 ──────────────── 170
海外赴任者が働くルールの設定のしかた

4-7 ──────────────── 178
海外赴任者の給与はどのように設計するか

おわりに　181

CONTENTS

カバーデザイン◎水野敬一
本文ＤＴＰ＆イラスト＆図版◎伊藤加寿美（一企画）

PART 1
ベンチャー企業の労務管理の全体像

ベンチャー企業にとって
労務管理は
なぜ重要なのか

1-1 ステージごとに増える労働法上の義務と労務管理の重要性

さまざまな労働関連法によって規制される

そもそも「**労務管理**」とは何なのかというと、ざっくりいってしまえば、「**従業員が行なう労働に関連して、企業が従業員に対して行なういろいろな管理**」のことです。

そして、こうした「従業員が行なう労働」に対しては、**労働基準法**をはじめとして**最低賃金法**や**パートタイム労働法**、**育児・介護休業法**といった労働関連法の規制が及びます。

労務管理を行なううえでは、こうした労働関連法を避けては通れません。

たとえば、会社が従業員を雇用する場合、**労働契約を締結**することになりますが、この労働契約は、一般的な「契約」よりも労働関連法制によって多くの規制が適用されます。

それは、労働者が使用者側の会社よりも弱い立場に置かれやすく、また労働によって発生する賃金は従業員の日々の生活の源であり、労働者の生活を守るためにも適切な労働環境を確保することが必要であるからです。

最近では、こうした労働関連法を盾に会社に対して法外な要求を行なう従業員もおり、一概に労働者が弱い立場であるとはいえないケースもありますが、会社には**よりよい労働環境を実現**していくことが求められているといえます。

ステージ別・企業の守るべき労働法関連の義務

企業が守るべき労働法関連の義務について、私はベンチャー企業の皆さまに次ページの図をお見せしています。

この図を見ていただくと、縦軸は従業員人数となっていることが

◎企業のステージと労働法関連の義務◎

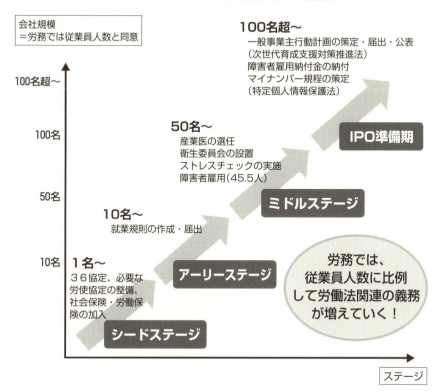

わかるかと思います。

　従業員が1名でもいれば、時間外労働や休日労働に関する「36協定」などの必要な労使協定の整備や、社会保険・労働保険への加入が必要となりますし、労働条件の明示も必要となります（シードステージ）。

　そして10名になると、新たに就業規則を作成し、労働基準監督署への届出が義務となります（アーリーステージ）。

　さらに50名になれば、会社の産業医の選任や衛生委員会の設置、ストレスチェックの実施などの安全衛生に関する義務が加わります（ミドルステージ）。

　また、障害者の雇用もおおむね従業員50名から義務となります。

100名を超えれば、次世代育成支援対策推進法の義務である一般事業主行動計画の策定・届出・公表や、障害者雇用率を満たしていない場合には納付金を納める義務が発生しますし、マイナンバーを適切に取り扱うための方針を定めた規程の作成なども必要となります。
　このように、労働法では従業員人数が増えれば増えるほど、企業としてやらなければならないことが増えていくことがわかります。
　会社法であれば、資本金の額によって会計監査人を設置しなければならなかったり、内部統制システムを構築しなければならなかったりするという会社法上の義務が増えますが、労働法では、資本金ではなく**従業員人数に応じて**、やらなければならないことが増えるわけです。

労務トラブルはどのようにして起きるか

　もう一つ、労務管理の全体像をつかむうえで見ていただきたい図があります（次ページの図参照）。
　前ページの図の縦軸は従業員人数でしたが、こちらの図の縦軸は、「労務トラブルの件数」を示しています。横軸は企業のステージです。
　この図は、企業のステージが進めば進むほど労務トラブルが増えるということを示しています。
　シードステージでは、会社を構成するメンバーは、創業者の友人や、起業前に勤めていた会社の同僚、その知人等で構成されていることが一般的に多いと思います。
　この時点では多くの場合、個々のメンバーの労務管理は行なわれていないことがほとんどで、本来はやらなければならない労働法上の義務も果たしていない（そもそも義務を認識していない）というようなことも多くなっています。
　こうした場合、多くの点で違法状態になっているのですが、気心の知れたメンバーで企業が運営されていることから、トラブルとなることはあまりありません。

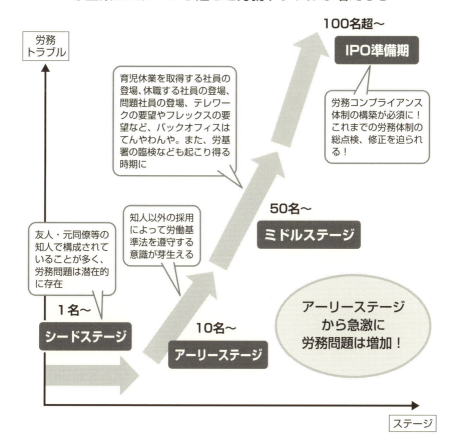

ステージが進むと労務トラブルが顕在化する

　シードステージでは、違法状態となっているので、潜在的には労務問題は発生しているのですが、顕在化するということが少ないのです。

　しかし、徐々にビジネスが軌道に乗ってくると、知人だけで会社を運営することには限界が訪れるため、新たに友人・知人以外を採用しなければならないタイミングがやってきます。

　図では、そのタイミングをだいたい従業員10名程度のアーリース

テージとしていますが、このステージでは否応なく労働法関連の義務を意識せざるを得ません。

　すると、これまで微塵も意識してこなかったようなことを、新しく採用する社員から突如突きつけられることになり、たとえば次のようなことを言われます。

　「労働条件通知書をください」
　「残業代の支払いはどうなっていますか？」
　「わたしも社会保険に加入できますよね」

　見ず知らずの人を雇い始めるということは、これまでの気心の知れた仲間同士で運営しているのとはわけが異なります。これまで潜在的に抱えているだけであった労務トラブルが、顕在化してくるのです。

　実際に、知人でない人を初めて採用したところ、入社して間もなく、未払い残業代を請求されてしまったというような事例もあります。

　こうした初めての労務トラブルを経験すると、われわれ社会保険労務士に顧問の依頼をいただくということも多くなっています。

　まさに、ベンチャー企業においても「なにもなかった労務管理体制を整え始めなければならない」という意識が芽生える時期なのだと思います。

🏢 ミドルステージには管理体制の強化が求められる

　さらにステージが進み、従業員人数50名程度のミドルステージともなれば、多種多様なバックグラウンドを持つ従業員が入社してきます。

　育児をしながら働いている社員や、産休に入る社員も出てくるようなフェーズです。

　こうなると、会社として行なう育児・介護休業法上の手続きや、整備すべき短時間勤務制度などに対しての理解も必要となりますし、

あわせてテレワークやフレックスタイム制といった柔軟な労働時間制度による働き方への要望も高まります。

また、ミドルステージは、社員の採用を増やす時期なので、勤務態度に問題のある社員や業務上のパフォーマンスが上がらない社員も出てくる頃です。

従業員が多くなることで、創業当時には共有していた企業理念・文化が薄れてくる時期でもあり、会社が社員に求めていることと社員の行動に乖離が生じてくる頃でもあります。したがって、会社としての人事制度をつくる、または見直すタイミングにもなります。

さらに、この規模になると労働基準監督署の臨検（86ページ参照）などが発生する可能性も高まってきます。

ミドルステージでは、さまざまな労務管理体制の強化が求められ、管理部門は常に人手不足のような状態となり、一層の人員強化が必要となる時期です。

IPO準備期のステージになると

そして、いよいよIPOを視野に入れる規模になると、監査法人のショート・レビューを受け、いままでの管理体制の不備を洗い出されることになります。

「ショート・レビュー」とは、監査法人が、株式上場を検討している会社に対して、株式上場の課題を検討して報告する調査のことです。

このショート・レビューは序の口に過ぎませんが、実際にIPO準備期に入ると、将来の証券取引所の上場審査に向けて、主幹事証券会社によって**労務コンプライアンス体制の構築状況**も厳しく審査されます。

そこで、「未払い残業代はないか」「社会保険の未加入者はいないか」といった簿外債務の洗い出しや、各種労働関連法令に則った体制の構築を行なうことになります。

そうして無事、上場できた後も、労働法は毎年のように改正され

るので、常に改正情報をキャッチアップし、適切な労務コンプライアンス体制を構築していかなければならないのです。

　このように労務管理は、一度築き上げたら終わりというようなものではなく、企業の成長フェーズに合わせた体制を構築し、法改正に応じたコンプライアンス体制を構築する必要があります。
　また、企業の成長に合わせた労務管理体制を変化させていくことは、企業の成長には欠かせない要因といえます。

1-2 ベンチャー企業が直面するトラブルの実例

ゼロから採用した社員とはトラブルになりやすい!?

前項で説明したように、従業員人数が少ないシードステージでは、経営者の友人やもともと在籍していた企業の同僚や知人で会社を運営しているため、潜在的な労務リスクがあっても顕在化することはあまりありません。

しかし、10名程度の従業員規模（アーリーステージ）となると、創業者の知人・友人だけでは企業運営を行なうことは難しくなり、新しく見ず知らずの人をゼロから採用するというような段階になれば、そうはいきません。

企業としては、新しい仲間が加わることによってさらなる会社の成長を期待し、新たなステージに突入するぞというワクワク感があるタイミングであるのと同時に、この、「初めてゼロから採用した人材」とトラブルになってしまうということは実は珍しいことではありません。

数度の面接や会社訪問、社員との懇談会等を経て、ようやく採用した貴重な人材とトラブルになってしまうと、**精神的にも金銭的にもベンチャー企業にとっては大きな負担**となります。

また、他の従業員のモチベーションにも悪影響を与えてしまいかねません。

どんなトラブルが発生するのか

実際に、初めてゼロから採用した人材と労務トラブルが発生してしまったベンチャー企業の社長と話す機会がありました。その際に、社長が「金銭的な面よりも精神的なダメージが大きい」とおっしゃっていたことが印象的でしたが、これまで仲間内で会社を経営して

きて、労務トラブルを経験していないという場合には、余計に精神的な負担を感じるのかもしれません。

そこで、実際にベンチャー企業で発生した労務トラブルの実例を紹介させていただきます（実際の例からは一部、設定を変更しています）。

労務トラブルの実例❶

X社は、斬新なコンセプトの食品を企画・製造・販売するベンチャー企業であり、創業者と創業者の知人3名で経営していましたが、新たにレストランを展開することになり、シェフとして、初めて知人以外の従業員Aさんを正社員として採用することにしました。

新たに入ったAさんは、勤務開始からほどなくして独断的な行動が目立つようになり、先輩社員からの業務上の注意にも従わないため、会社全体の雰囲気が悪くなってしまいました。

そのため、勤務開始から2か月後に、社長からAさんに「協調性がなく、業務上の注意にも従ってもらえないのなら、やめてもらうしかない」という話をしたところ、「この会社には就業規則がない以上、解雇などはできないはずです。また、残業をしているのに、必要な協定もないし、残業代も払われていません。それは違法ではないか」と主張してきました。最後には、「労働基準監督署に訴える」とまで言い出したのです。

X社では、就業規則や時間外・休日労働のための労使協定（通称「36（サブロク）協定」）を策定しておらず、労働時間の管理などもしていませんでした。また、残業代の支給もこれまで行なってきませんでした。

X社は、これまで創業者と知人3名のみで会社を運営してきたわ

けですが、新たにレストランを展開するためにシェフとして初めて知人以外のＡさんを正社員として雇い始めました。

しかし、このＡさんと既存社員の価値観が合わず、意見の食い違いが頻繁に起きるようになってしまったのです。

知人同士で会社を運営してきたＸ社の既存社員３人の仲間たちには、すでに出来上がった関係性があり、また創業理念などももちろん強く共有しています。

仕事のやり方なども互いにわかっており、まさに「**創業メンバー**」**として強い絆で結ばれていた**わけです。

Ｘ社に限らず、多くのベンチャー企業において、新しく「ゼロから採用して」入ってきた社員と、既存の社員との間には、組織への思いの強さや経営理念への共感度に差が生じていることは多いと思います。

Ｘ社のケースは、そうした価値観の相違を埋められず、Ａさんは独断的な行動に走り、業務上の指示にも従わないような事態にまで発展してしまった残念なケースです。しかし、このような新規採用社員と既存社員の意識の違いというのは、どこの会社でもあり得ることです。

■ トラブル実例のケースのどこに問題があるのか

また、Ｘ社のように、初めて知人以外の社員を採用するという段階になっても、就業規則はおろか、３６協定や労働条件通知書といった労働法上必要な規程を整備していないようなケースは、多くのベンチャー企業でよくあることと思われます。

社会保険や労働保険への加入といった基本的な事項ですら抜けてしまっている会社もあるかもしれません。

必要な手続きができていなかったというようなことは、創業期ではある程度致し方のないことだとは思います。しかしＸ社のケースでは、協調性のなさや業務命令に背くなどＡさんに問題があるとこ

ろはもちろんある一方で、**労働基準法上当然に企業が守らなければならない義務が履行されていない**ということに違いはなく、労働基準監督署等に訴えられた場合には、間違いなく是正勧告が出るような事案です。

　改めてこのケースの問題の本質をひも解いていくと、Aさんは「就業規則がないから解雇はできない」と主張していますが、労働基準法の趣旨を踏まえれば、X社のケースのような理由だけでいきなり解雇するのは難しいといえます。
　詳細はここでは割愛しますが、解雇が有効か否かを裁判所が判断する際には、そもそも入社してから2か月等と日が浅く、会社がAさんに対し十分な教育指導を行なったか、不適切な言動があった際に面談等をして改善を促したかなども考慮されます。
　また、就業規則に記載されていない事由で労働者を解雇することは難しく、その就業規則自体がないとなると、「**解雇自体の合理性はない**」と判断されるでしょう。
　そして、Aさんが時間外労働をしていた事実がある以上、時間外・休日労働のための労使協定（36協定）の締結はもちろん、残業時間に応じた残業代の支給は当然に必要となります。
　実際、X社では労働法上の不備があまりに多いため、争った場合には、ほとんど会社に勝ち目はありませんでした。
　そこでこのケースでは、Aさんに1か月分の賃金相当額の和解金を支払うことで、合意退職してもらうことになりましたが、会社にとってはこの金銭的なコストのほか、精神的な負担も大きくのしかかることになりました。
　このときの社長の言葉を借りれば、「高い勉強代」になってしまったわけです。

どんなベンチャー企業でもトラブルは起こり得る

　労働者を雇うということは、労働基準法をはじめとした**労働関連**

法制に則った運営が必要になるということです。友人・知人のみで社員が構成されているときには、労働関連法制の理解なく進めることも可能であったかもしれませんが、そこにひとたび他人が入ってくるとそうした運営はまず不可能です。

また最近では、このような労務管理体制が不十分なベンチャー企業をわざと狙い、法律違反である事実をちらつかせて和解金を支払わせるということを繰り返す社員が多く存在するようです。

実際に、社員数名規模のベンチャー企業であっても、このような労務トラブルの相談を多くいただいていることからして、こうしたトラブルは**少人数のチームであっても起き得る**ということを肝に銘じておきましょう。

よくあるトラブルとして、もう一つ実例のケースをあげておきましょう。

労務トラブルの実例❷

WebマーケティングのY社である会社の創業メンバーでCFOであったBさんは、部下として入ってきた男性新入社員Cさんに、業務指導のたびに「馬鹿だなぁ」とか「赤ちゃん並みの知能」といった発言をしていました。

またある日、全社員が参加するチャットツール上で「意欲がないなら会社を辞めたほうがいい」というメッセージを送ったところ、次の日からCさんは体調不良で会社に出社できなくなりました。

社長がCさんに連絡をしたところ、「日ごろのBさんの指導はパワハラではないか」と言われ、「今月末で退職させてほしい」ということで、Cさんは退職することとなりました。

昨今、セクシュアルハラスメント（セクハラ）やパワーハラスメント（パワハラ）関連のニュースを多く目にするようになりました。
　ハラスメントは、「コミュニケーションを円滑にするためのジョーク」のように軽くとらえられている側面もあり、それが企業でハラスメントがなかなかなくならないゆえんでもありますが、ハラスメントを受けた被害者は、苦痛から最悪の場合、自殺をしてしまう人もいます。
　最近も、静岡県で上司からのパワハラを原因とし、当時部下だった男性が自殺をしてしまったという痛ましいニュースを目にしましたが、いまやハラスメントは働く人の権利を守るうえで、見逃せない問題となっています。
　特にパワハラは、業務指導との線引きが難しく、悩んでいる企業も多くなっています。
　しかし、この実例のように、「馬鹿」とか「赤ちゃん並みの知能」といった発言は、人格自体を否定することとなり、業務指導とはいえず、「精神的な攻撃」として典型的なパワハラに該当します。
　また、「意欲がないなら辞めたほうがいい」という言葉は、経営者や管理職の立場からすると、「従業員を鼓舞するためについ使ってしまう」ということもよく聞きますが、本人だけに言うのであればまだしも、この実例のように全社員が参加するチャットツール上や、メールのＣＣに関係のない従業員まで追加して、ある種「見せしめ」のようにして行なう指導は避けるべきです。

🏢 パワハラは、受け取り方も判断材料になる

　パワハラは、加害者としては完全に**業務指導の範囲**と思っていたというケースが多いのですが、この実例のケースもＢさんは、悪気はなく、ある種体育会系のノリで、愛の鞭として行なっており、パワハラとして受け止められているとは夢にも思わなかったということでした。
　パワハラに限らず、各種ハラスメントの判断は、口調、関係性、

シチュエーション、相手の受け取り方によって変わることがあり得る問題です。

　つまり、**誰でも加害者になり得る**し、いったんこのような問題が起こってしまうと、このケースのように従業員の退職やモチベーションの低下につながり、最悪の場合は裁判になり、会社に多額の損害賠償が請求されることも珍しくありません。

　厚生労働省では、職場のパワハラの防止措置を企業に義務づけるための法律を整備する方針を示し、2019年中の国会へ関連法案の提出をめざすとしています。
　会社として、どういったことがハラスメントに該当するのかについて理解をし、その防止措置を講じていくことは、今後ますます重要な責務となっています。

1-3 IPOと労務コンプライアンス構築の関係

労務管理にはコストも労力もかけたくない？

　前項で見てきたように、人数が少ないベンチャー企業や創業間もない企業であっても、労務トラブルに巻き込まれることは少なくありません。

　創業間もなかったり、社員が少ないうちは、「まだ労務管理をしたり、労働法を守ったりする必要はない」という意識でいる企業は多いかもしれません。

　きちんとした労務管理システムを構築するためには、時間もお金もかかります。資金に余力がないベンチャー企業にとっては、営業や開発にお金を回したいという気持ちもよくわかります。

　「労務管理やコンプライアンス遵守にお金や人的リソースを使うのはもったいない！」という正直な声を、実際に経営者からダイレクトに聞くこともあります。

　しかし長い目で見ると、創業間もない時期からコツコツと労務管理体制を構築しておくことが、**結果的にコストも労力もいちばん削減できる**と私は考えています。

創業時からコツコツ労務管理体制を構築すべき理由

　実際にIPOをめざす段階に入ると、監査法人や主幹事証券会社から企業の内部管理体制の整備状況をチェックされることになります。

　内部管理体制全般に及ぶので、もちろん労務にとどまらず会計管理制度の整備や販売管理、購買管理、固定資産管理体制などさまざまな面の整備状況をチェックされます。

　各種内部管理体制のなかでも、昨今、大手広告代理店の社員の過

労死問題が社会問題となるなど、労働基準法違反を犯した企業については、マスコミで大きく報道されるなど世間の目も厳しくなっていることもあり、**労務コンプライアンス体制の構築**は、ＩＰＯにおいても非常に重要視されるようになってきています。

　一般的なＩＰＯのスケジュールは、上場を検討し始めてからだいたい２年間程度で、内部管理体制の整備など、上場企業としてふさわしい体制を整えるための準備を進めることになります。
　しかし、この２年間のうち上場申請前の１年は、「その前年に改善した事項を運用する期間」として位置づけられているので、**実際の準備は非常にタイトなスケジュールで進む**というケースも多くあります。
　前述のようにＩＰＯの際には、労務はもちろんですが、それ以外にも会計や適時開示のためのシステム、内部統制報告のシステムなど、これまでの体制とはがらっと異なる制度を導入しなくてはなりません。したがって、「なにもかもできていない！」というような状態の場合、非常に慌ただしく準備を進めなくてはならないのです。
　このような「あれもこれもできていない」状態の場合、管理部門のリソース不足で準備が間に合わず、上場が遅れてしまうことも考えられます。

　また、上場準備期を狙ったかのように、従業員や退職者から未払い賃金を請求される場合があります。上場準備は企業のビッグイベントであり、また経営としても必ず成功させたい事項ですから、この時期に問題が起こることは非常に困ります。
　企業にしてみれば、平時に比べ多少和解金額を積んででも、穏便に解決して大きな問題としたくないという心理が働くので、未払い賃金の請求は、こうした企業心理を利用している面もあると私は思っています。
　上場準備期にこのような労務トラブルがあると、管理部門に追加

ベンチャー企業にとって労務管理はなぜ重要なのか

の業務が増えることになり、結果としてスムーズな上場が実現できないことになってしまいます。

　創業期から**コツコツとコンプライアンスを意識して労務管理体制を構築**しておけば、結果として上場時期に慌てることもなく、また精神的にも金銭的にも負担が少なくすむのではないかと考えています。

　すべてのベンチャー企業がＩＰＯをめざしているわけではないと思いますが、多くのベンチャー企業にとってＩＰＯが一つの目標であることは間違いありません。
　こうした観点からも、労務コンプライアンス構築を始めるのは早ければ早いほうがよいのです。

PART 2

ステージ別／ベンチャー企業の労務管理

会社がやらなければ
いけないことを
知っておこう

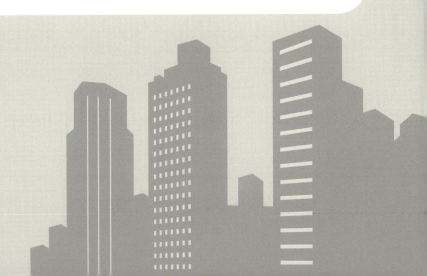

2-1

シードステージに必要な労務管理①
社会保険の加入

社長1人でも社会保険への加入は必須！

　本書では、おおむね従業員が1人から10人未満を「シードステージ」として区分しています。

　会社を立ち上げる際、いきなり従業員を何人も抱えて始めるというような企業はあまり多くありません。

　まずは創業者である社長1人で始めるか、もしくは信頼のできるパートナーを取締役として迎えて数名で始める、というような企業が多いと思います。

　労働基準法をはじめとする労働関連法制は、「労働者」を守る法律なので、社長や取締役といった役員、つまり労働者としてみなされない人には適用されません。

　そのため、会社が取締役のみで構成されているうちは労働関連法制の適用はないわけですが、忘れてはならないことがあります。それが、「社会保険への加入」です。

　社会保険とは、具体的には**「健康保険」**と**「厚生年金保険」**のことを指します。

健康保険とは何か

　「健康保険」は**被用者保険**とも呼ばれていますが、企業等に勤める人が加入する**公的な医療保険制度**です。

　病気やケガで治療を受けるときや、それにより働くことができなくなり休業した場合や、出産、死亡などの事態が発生した場合に保険給付を受けることができます。

　健康保険の保険者（公的保険を運営するところ）には、政府が管掌する**「全国健康保険協会」**（通称「協会けんぽ」）や、企業独自で

設立した「**健康保険組合**」などがあります。

創業間もないベンチャー企業については、通常は協会けんぽに加入することになりますが、創業後ある程度経つと、協会けんぽよりも保険料率が低く、付加給付などのある業界別の健康保険組合に加入する企業が多くなります。

たとえば、東京にあるＩＴ企業の場合では、協会けんぽに一定年数加入した後に、「関東ＩＴソフトウェア健康保険組合」や「東京都情報サービス産業健康保険組合」などに加入しているベンチャー企業が多くなっているようです。

健康保険組合の加入基準

健康保険組合には、各健保組合ごとに、協会けんぽに一定年数以上加入していることや、被保険者（公的保険の適用を受ける人）の数が一定以上あることなど、それぞれ加入基準があります。

そこで、ある程度、協会けんぽに加入したら自社の状況を見たうえで、こうした健康保険組合に加入するのもよいと思います。

参考までに、「関東ＩＴソフトウェア健康保険組合」の加入基準をあげておくと、以下のとおりです（同健保組合のホームページより）。

【関東ＩＴソフトウェア健康保険組合の加入基準】
1．主要業務が下記の①～④は、登記上の目的欄に同様の記載があること。または⑤の事業所に該当すること
　①パッケージソフトウェアの利用技術・研究開発および流通
　②ソフトウェアプロダクトおよび関連ソフトウェアの研究開発および流通
　③コンピュータおよび周辺機器の販売（レンタル・リースを含む）、保守サービス
　④コンピュータの利用による情報の提供
　⑤組合の設立事務所との間で、財務諸表等の用語、様式及び

作成方法に関する規則（昭和38年／大蔵省令第59号）第8条第3項（「親会社」、「子会社」）または第5項（「関連会社」）に規定されている会社と同様な関係にある事業所

2．社会保険加入期間が1年以上あり、現在、東京都、神奈川県、千葉県、埼玉県、茨城県、栃木県、群馬県、新潟県、長野県および山梨県の全国健康保険協会（協会けんぽ）に加入していること

3．被保険者数が20名以上であること
　　ただし、加入基準1－⑤に該当する事業所（当組合にすでに加入している事業所の親会社、子会社、関連会社）については5名以上とする。

4．著しい低報酬月額の被保険者（※1）がいないこと
　（※1）標準報酬月額118千円（8等級）以下の被保険者

5．被保険者の平均年齢が当組合の平均を著しく上回らないこと

6．扶養率については、当組合の平均を著しく上回らないこと
　（扶養率＝健康保険で認定されている被扶養者数／被保険者数）

7．過去1年間、公租公課に滞納（納入遅延）がないこと
　①公租とは、「法人税、消費税、所得税、事業所税」の国税・地方税をいいます。
　②公課とは、「健康保険、厚生年金保険、雇用保険」の保険料をいいます。

8．反社会的勢力に関して、過去および現在、さらには将来において関係性がないこと

9．組合運営に支障を及ぼす恐れがないこと

10．健康保険組合加入後、保険料納付は当組合指定銀行（みずほ銀行・三菱ＵＦＪ銀行・三井住友銀行・りそな銀行・三井住友信託銀行）の本支店で口座振替納入が可能であること

厚生年金保険とは何か

「厚生年金保険」は、**国民年金**を土台とした、政府が保険者であるいわゆる**2階部分の公的年金制度**です。

国民年金は、**基礎年金**とも呼ばれ、すべての国民を対象とする年金制度ですが、厚生年金保険は民間企業や公務員等の被用者について加入するもので、国民年金に上乗せする形で自身の報酬に比例した年金が支給される制度です。

主な給付内容としては、65歳から支給される「老齢厚生年金」や、障害が生じた場合に支給される「障害厚生年金」などがあります。

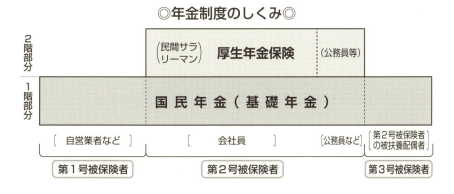

◎年金制度のしくみ◎

社会保険の加入の可否

社会保険（健康保険と厚生年金保険）については、下表の「強制適用」に当てはまる企業は社会保険に加入することが必要です。

法人事業所	個人事業所	
	常用労働者の雇用人数	
○ 強制適用	5人未満	5人以上
	× 適用除外	○ 強制適用

この表にあるように、法人であればたとえ代表取締役1人であったとしても、社会保険は強制加入の対象となります。

なお、非常勤取締役の場合には、勤務の実態等を鑑みて、適用外となることもありますが、代表取締役については報酬が払われていれば必ず加入が必要です。

本来であれば、この原則のもとで条件を満たしている場合には、創業時に社会保険に加入しなければならないのですが、加入しなければならないことを知らなかったなどにより、加入していないケースが多くみられます。

この場合、過去にさかのぼって加入する必要があり、それまで払ってこなかった社会保険料等は納めなければなりません。

意外と忘れがちなのですが、社会保険の加入漏れはIPOの審査でも簿外債務となり、厳しくチェックされますので、社長1人の会社でも、忘れずに社会保険に加入するようにしましょう。

社会保険への従業員の加入はどうなっている？

ベンチャー企業で採用した従業員が社会保険に加入しなければならないかどうかの基準は、実は最近、改正が行なわれています。

社会保険の適用対象となる人の範囲は下図のように変わっているので、注意が必要です。

2016年9月30日まで	2016年10月1日から	2017年4月1日から
所定労働時間が「週30時間以上」である人	所定労働時間が「週30時間以上」である人または下記のすべてを満たしている人 ①所定労働時間が「週20時間以上」 ②月額賃金8.8万円以上 ③勤務期間1年以上見込み ④学生は除外 ⑤従業員規模501人以上の企業	左の①〜④の条件の下、従業員規模500人以下の企業について、 ●民間企業は、労使合意にもとづき、適用拡大を可能に ●国・地方公共団体は、適用とする

つまり、従業員人数が少ない（500人以下）ベンチャー企業の場合は、**週所定労働時間が30時間以上**の従業員について社会保険に加入させる必要があるわけです。

　このような労働者を雇い入れた場合には、社会保険への加入を忘れないようにしましょう。

　なお前ページの図にもあるように、社会保険の適用拡大が行なわれており、従業員規模が501人以上の企業については、週所定労働時間が20時間以上の人にも適用しなければならなくなっています。

2-2 シードステージに必要な労務管理② 労働保険の加入

労働者を雇用したら労働保険に加入する

社会保険については、社長1人でも原則として加入が必要ですが、あわせて、役員ではない「労働者」を雇う場合には、「**労働保険**」への加入も必要になります。

労働保険とは、「**労働者災害補償保険**」(労災保険)と「**雇用保険**」を指します。

労災保険とは何か

「労災保険」とは、正式名称を「労働者災害補償保険」といい、政府が保険者であり、労働者が仕事中や通勤中にケガ等をした場合に給付が行なわれる保険制度です。

労災保険では「仕事中か通勤中」というのがポイントで、通常のプライベートでのケガなどは、健康保険制度を利用することになります。

労災保険の適用を受けると、病院において無料で治療を受けることができる**療養給付**や、療養期間中に所得保障として**休業給付**の支給を受けることができます。

また、労働者に障害が発生した場合には、障害の程度に応じて**障害給付**が受けられ、死亡時には遺族に対する所得保障として**遺族給付**などが受けられます。

なお、労災保険では、労働者が保険料を負担することはなく、会社のみが労災保険料を支払うことになっています。

雇用保険とは何か

「雇用保険」は、主に労働者が失業や育児・介護などにより賃金

が受けられない状態となった場合に、必要な給付を行なうことで、労働者の生活や雇用の安定を図るための制度です。

雇用保険に加入していた場合、会社を退職後に一定の要件を満たせば「**基本手当**」（通称「**失業給付**」）を受けることができるのもこの制度のおかげです。

労災保険と異なり、雇用保険では労働者自身も雇用保険料を負担することが必要になり、その保険料は毎月の給与から控除することになります。

労働保険の加入の可否

これらの労働保険は、会社が取締役等の役員のみで構成されていれば加入は必要ないのですが、労災保険については労働者（パートやアルバイトも含む）を１人でも雇えば適用になり、雇用保険については**週の労働時間が20時間以上、かつ31日以上雇用の継続が見込まれる従業員**（パートやアルバイトも含む）を１人でも雇うと適用になります。

労働者を１人でも雇ったら、労働保険（労災保険＋雇用保険）の加入手続きを忘れずに行なうようにしましょう。

2-3

シードステージに必要な労務管理③ 偽装請負のリスク

業務委託を上手に活用しよう

　シードステージのベンチャー企業では、労働者を自社で雇用する資金力がない場合も多く、取締役のほかは**業務委託**によって仕事を依頼しているというようなケースが多くあります。

　労働者を1人でも雇うと、労働基準法をはじめとする労働関連法制の対象となりますし、社会保険・労働保険の加入等もろもろの義務も発生してきます。

　しかし業務委託者については、自社で雇用する労働者ではないので、こうした義務を履行する必要はありません。

　シードステージのベンチャー企業にとっては、外部の専門性を持った人材に気軽に業務を依頼できるということで、業務委託という形態はメリットが多いと考えています。

　最近では、副業・兼業を行なう社員が増えてきたこともあり、大企業で働いている優秀な人材に、副業として業務委託形態で関わってもらうというケースもけっこう見受けられるようになりました。

　優秀な人材を外部調達できるという意味でも、業務委託はよい方法といえるでしょう。

偽装請負にならないか要注意！

　しかし、ベンチャー企業がこうした業務委託者を受け入れる場合には、気をつけなければならないポイントがあります。それは、「**偽装請負**」という問題です。

　聞きなれない言葉かもしれませんが、簡単にいえば、「会社で労働者として雇用しているのと変わらない実態があるにもかかわらず、**就労形態や契約名を偽装**して、本来は労働者に対して果たさなけれ

ばならない会社としての労働基準法上の責任等を回避しようとすること」を意味します。

業務委託者が実質的には自社の労働者と変わらない働き方をしている場合に、「偽装請負」と呼んだりするのです。

業務委託者は前述したように、労働者ではないため、通常の社員のように、労働基準法をはじめとする労働関連法制の対象外となり、社会保険・労働保険の加入等も必要ありません。

また、現在の日本では、労働者については労働契約を解消する解雇などの要件は厳しくなっていますが、業務委託者については労働者のような契約解消の厳しい規制などはありません。

どんな場合に問題となるか

このようなメリットを享受するために、実態は労働者であるのに、業務委託者として取り扱えば、「偽装請負」が発生してしまいます。

こうした「偽装請負」は違法であるため、労働局の指導の対象となり、罰則の対象となってしまうこともあるので、十分な注意が必要です。

具体的には、業務委託者が以下の判断基準に当てはまっている場合に問題となります。

1．**指揮監督性**についての判断基準
　①仕事の依頼・業務従事の指示等に対する諾否の自由がない
　②業務遂行上の指揮監督がある
　③勤務時間・勤務場所等の拘束性がある
　④他人による労務提供の代替性がある
2．**賃金性**（報酬の労務対価性）の判断基準
　①報酬が労働時間の長さによって決まる
　②欠勤した場合には報酬から控除される
　③残業をした場合には割増手当が支給される
3．**その他の労働者性を補強する要素**

> ①機械・器具の負担がない
> ②専属性が高い
> ③社会保険料の控除や所得税の源泉徴収、公租公課の負担がある
> ④服務規律や福利厚生等の適用がある
>
> （昭和60年／旧労働省「労働基準法研究会報告　労働基準法の『労働者』の判断基準について」より）

　たとえば、具体的に仕事の進め方を会社が決めたり、必ず9時から17時まではオフィスにいるように義務づけたり、報酬を時給で決めていたりする場合には、偽装請負とみなされるリスクが高くなります。

　また、よかれと思ってパソコンや必要な器具を貸与したり、交通費を負担してあげたりしている、という話をよく聞きますが、これらも注意が必要です。偽装請負とみなされるリスクが高いです。

　したがって、必要な器具を貸与する場合にはレンタル料金を徴収したり、交通費は業務委託者自身に負担してもらったほうがリスクは低減します。

　すでに業務委託契約を結んでいる場合や、これから業務委託の活用を考えているという場合には、これらの点をいま一度確認して、**業務委託者としての独立性**が保たれているかどうかを検討しておきましょう。

2-4 シードステージに必要な労務管理④ 初めての雇用To doリスト

労働者を雇う段階がやってくる

　事業が軌道に乗ってくると、業務委託の人だけで仕事を処理することは難しくなるので、アルバイトやパートタイマーなどを自社で雇う段階が訪れます。労働者が0人から1人になるという変化は、労務管理上ではドラスティックな変化です。

　これは、たびたび説明しているように、労働者を雇った場合は、労働関連法制が適用になり、やらなければならないことがとたんに増えるからです。

労働者を雇ったら、しなければならないこと

　以下の表は、初めて人を雇用する場合のTo doリストです。いずれも任意ではなく、法律上必要なものなので漏れがないようにしましょう。

#	内容	提出先	手続き時期
1	労働条件通知書の策定・明示	社員に明示	入社前
2	社員から必要書類の回収	――	入社前〜入社日
3	労働保険・社会保険の加入・資格取得手続き	●労働保険…管轄の労働基準監督署・ハローワーク ●社会保険…管轄の年金事務所	当該社員の入社後、速やかに

4	給与支払事務所等の開設届出書の提出	管轄の税務署	法人設立時に提出していなければ速やかに提出
5	住民税の特別徴収の手続き ●住民税の給与所得者異動届出書 ●特別徴収切替届出（依頼）書	市区町村役所	当該社員の入社後、速やかに
6	労働者名簿・賃金台帳・出勤簿の作成	─	当該社員の入社後、速やかに
7	（時間外労働がある場合のみ）36協定の作成・届出	管轄の労働基準監督署	当該社員の入社後、速やかに
8	その他必要な労使協定（一斉休憩の適用除外など）の作成・届出	提出が必要なものは管轄の労働基準監督署	当該社員の入社後、速やかに
9	給与計算・給与明細書の発行	─	給与を支払うつど
10	入社時の健康診断	─	入社後、速やかに（入社前3か月以内に実施した健康診断書類があれば省略可能）
11	定期健康診断	（常時50名以上になったら、定期健康診断結果報告書を管轄の労働基準監督署に提出）	1年ごとに1回

「HRTech」を利用しよう！

　経営者や役員のみ、もしくは経営者と業務委託者のみで事業を行なってきた企業が、初めて人を雇用するとなったときに、社会保険・労働保険の手続き、日々の給与計算、労働条件通知書の発行…とやらなければならないことがいきなり増えることに、みなさん驚かれます。

　特に、ベンチャー企業においては、人手不足によってバックオフィスまで手が回らない場合が多く、日々の事務的な業務は効率化することが求められます。

　最近では、クラウド会計ソフトやクラウド人事労務ソフトといった「HRTech」（HRテック）が非常に発達してきており、その性能や使いやすさも日々高まってきています。

　給与計算や社会保険の手続きなどの日々のルーティン業務については、こうしたHRTechを上手に活用していくことをお勧めします。

2-5 シードステージに必要な労務管理⑤ 労使協定の締結

労使協定とは何か

　労働基準法では、一定の場合に企業が策定しなければならないものとして、「**労使協定**」というものを規定しています。

　労働基準法は、労働時間などの最低労働条件を規定し、企業にその条件を遵守する義務を課しています。そして、これらの規定に違反した場合には罰則が科されます。

　労使協定は、労働基準法の強硬規定の例外を認める手段であり、締結・届出等を行なうことによって罰則の適用を免れることができる、いわゆる**免罰効果**を得ることができます。

　次ページの表は、労働基準法で規定されている労使協定の一覧です。労使協定には、これだけの種類があるわけですが、このなかでも一般的に結ぶ必要のあるものについて詳しく見ていきましょう。

休憩時間の一斉付与の例外に関する労使協定

　意外に思うかもしれませんが、労働基準法では「**休憩時間は全社員一斉に取得させる**」ことが義務づけられています。

　現在、多くの企業、とりわけIT関連の企業などで休憩時間を一斉に取得させているような会社は、ほとんどないのではないでしょうか。実務上も、一斉に従業員がいなくなってしまうと、電話対応などがうまくまわらなくなってしまいます。

　しかし労働基準法上は、「休憩は一斉に与える」ことが原則です。

　これは、もともと労働基準法が「工場法」という工場労働者の保護を目的とした法律が前身であり、労働者が個別に休憩を取ると、会社が休憩時間を取らせないなどの違反をしている場合に発見しにくく、また休憩自体の効果があがりにくいという考え方があったた

◎労働基準法上の労使協定一覧◎

#	労使協定の締結が必要となる事項	労働基準監督署への届出
1	任意の貯蓄金管理	○
2	賃金全額払いの例外	×
3	休憩時間の一斉付与の例外	×
4	事業場外労働のみなし労働時間制	× （みなし労働時間が法定労働時間を超える場合は○）
5	専門業務型裁量労働制	○
6	１か月単位の変形労働時間制	○
7	１年単位の変形労働時間制	○
8	１週間単位の変形労働時間制	○
9	フレックスタイム制	×
10	時間外・休日労働（３６協定）	○
11	割増賃金の支払いに代わる代替休暇の付与	×
12	年次有給休暇の時間単位付与	×
13	年次有給休暇の計画的付与	×
14	年次有給休暇中の賃金	×

め、いまでも労働基準法に残っている規定です。

　いまとなっては時代にそぐわない規定ですが、労使協定を締結すれば一斉に休憩を与える義務が免除されるという例外が用意されており、通常は**労使協定を締結して交代で休憩を取得できるようにし**ます。つい、忘れがちな労使協定ですが、忘れずに策定しましょう。

　なお、この労使協定については、労基署への届出は必要ありません。

時間外・休日労働に関する労使協定（３６協定）

　労働基準法では、原則として**１日８時間、１週40時間を超えて労働をさせることや休日に労働をさせることは禁止**されています。

　しかし、この時間外・休日労働に関する労使協定（３６協定〈サブロク〉）を締結し、労働基準監督署に届出をした場合には、時間外労働や休日労働をさせることが認められています。

　なお、2019年３月31日までは、３６協定を締結し、労働基準監督署に届出をするときに、特別な事情がある場合には、労使協定書に「**特別条項**」を明記すれば、年間６か月までは時間外労働数に制限なく時間外労働をさせることが可能になっていました。

　しかし2019年４月からは、労働基準法の改正により、原則として「**月45時間・年360時間**」（休日労働を除く）の上限が設定され、特別な事情があって「特別条項」を明記しても、**年720時間**（休日労働を含まず）、**月100時間未満**（休日労働を含む）、**複数月の平均で80時間**（休日労働を含む）までしか時間外労働をさせることはできなくなりました。

　次ページの様式は、2019年４月１日以降に適用となる３６協定の新様式です。ただし、中小企業については、例外的に2020年４月１日から本運用が適用されることになっています。

　通常、人員に余裕がないベンチャー企業では、時間外労働はどうしても発生しがちですので、３６協定を締結することになると思いますが、その場合でも時間外労働の時間数に留意して、労働基準法違反とならないように注意することが必要です。

　また、私が顧問契約をする際には締結済みの３６協定についても確認させていただきますが、実は「数年前に３６協定を策定したが、その後は手付かずで…」というベンチャー企業が少なくありません。

　特に３６協定については、有効期間の定め（通常１年）をしたうえで更新をしなければ、有効期間が切れた労使協定は前述の免罰効果は得られません。

◎2019年4月1日以降に適用される36協定の新様式◎

会社がやらなければいけないことを知っておこう

47

36協定を策定した後も、有効期間が切れないように、1年に1回の提出を忘れないようにしましょう。

年次有給休暇の計画的付与に関する労使協定

年次有給休暇の「**計画的付与**」とは、年次有給休暇のうち、5日を超える分について労使協定を結べば、計画的に休暇取得日を割り振ることができるという制度のことをいいます。

会社として、たとえば夏休みや年末年始休暇の時期に有給休暇を充当してもらうことで、計画的に年次有給休暇を取得させることができるわけです。

実は、2019年4月より、年次有給休暇が10日以上付与される労働者(管理監督者を含む)に対して、**年5日の有給休暇を取得させることが企業に義務づけられました。**

これは特段、中小企業などについての例外はないので、従業員がたとえ1名であったとしても取得させる義務があります。

この義務が新しく創設されたことで、年次有給休暇の計画的付与制度(通称「**計画有休**」)に注目が集まっています。

この計画有休制度の実施には労使協定が必要ですので、導入する際には忘れずに労使協定を結ぶようにしましょう。

なお、この労使協定は労働基準監督署への届出は必要ありません。

フレックスタイム制に関する労使協定

詳細は後述の2-7項で説明しますが、柔軟な労働時間制度の1つである「フレックスタイム制」を導入する際には、労使協定の締結が必要になります。

フレックスタイム制を導入する際には、労使協定の策定が必要だということを覚えておきましょう。

なお、この労使協定は労働基準監督署への届出は必要ありません。

専門業務型裁量労働制に関する労使協定

　詳細は後述の2－7項で説明しますが、柔軟な労働時間制度の1つである「**専門業務型裁量労働制**」を導入する際には、労使協定の締結が必要になります。

　専門業務型裁量労働制を導入する際には、労使協定の締結が必要だということを覚えておきましょう。

　なお、フレックスタイム制とは異なり、専門業務型裁量労働制の労使協定は労働基準監督署への届出が必要になっていますので注意してください。

2-6

アーリーステージに必要な労務管理①　就業規則の作成・届出

就業規則の基礎知識

　本書では、おおむね従業員が10人から50人未満程度を「アーリーステージ」として区分しています。

　初めての従業員の雇用を経て順調に事業が発展してくれば、従業員が10人以上となることも時間の問題です。

　弊社の顧問先でも、創業から1年程度でアルバイトなどを含め従業員が10名を超えたという例は多くあります。この項と次項では、アーリーステージの労務管理について説明していきます。

　労働者が10名以上いる場合は、労働基準法で**「就業規則」**の作成・届出が義務づけられています。したがって、まだ作成していない場合には、早急に作成する必要があります。

　この10名には、アルバイトや契約社員などの正社員以外の雇用形態の労働者も含まれます。

　就業規則の作成義務に違反した場合や、届出義務に違反した場合は、30万円以下の罰金が科されてしまいます。

就業規則の作成で気をつけること

　就業規則を作成あるいは変更する際には、どのような点に気をつければよいのでしょうか。

　就業規則には、**「絶対的必要記載事項」**というものが労働基準法で決められており、この項目は必ず盛り込まなければなりません。

　また、**「相対的必要記載事項」**というものもあり、これは、会社が任意で定めをする場合には、就業規則に記載しなければならない項目です。

◎絶対的必要記載事項と相対的必要記載事項◎

#	絶対的必要記載事項の項目	#	相対的必要記載事項の項目
1	始業および終業の時刻、休憩時間、休日、休暇の事項、ならびに交替制の場合には、就業時転換に関する事項	1	退職手当に関する事項
		2	臨時の賃金（賞与）、最低賃金額に関する事項
		3	食費、作業用品などの負担に関する事項
2	賃金の決定、計算および支払いの方法、賃金の締切りおよび支払いの時期、ならびに昇給に関する事項	4	安全衛生に関する事項
		5	職業訓練に関する事項
		6	災害補償、業務外の傷病扶助に関する事項
3	退職に関する事項（解雇の事由を含む）	7	表彰、制裁に関する事項
		8	その他、すべての労働者に適用される事項

　簡単にいえば、労働時間・休日に関連すること、賃金に関すること、労働者の身分の喪失にかかわることが「絶対的必要記載事項」の内容です。いずれも労働者にとっては、**生活の根幹に関わる重要事項**であるため絶対的必要記載事項となっています。

　また、賞与や退職金、食事の支給などがあれば、「相対的必要記載事項」として就業規則への記載が必要です。

　通常、制裁つまり懲戒事由を設けるはずですが、これも実務上は相対的必要記載事項として就業規則に必ず盛り込む事項となります。

関連規程の作成

　「就業規則」を作成する場合、「**賃金規程**」や「**育児・介護休業規程**」などもセットで作成することが一般的です。

　たとえば賃金規程には、就業規則の絶対的必要記載事項の1つである賃金に関する事項を規定します。もちろん、就業規則に盛り込んでもよいのですが、通常は賃金に関する規定が膨大に及ぶことか

ら、別規程としたほうがわかりやすいため、就業規則とは別にすることが多くなっています。

また、育児や介護を行なう社員が取得することができる育児・介護休業については、就業規則の絶対的必要記載事項の1つである「休暇」に該当し、記載する内容が多岐にわたることから育児・介護休業規程として別に規定することが一般的です。

就業規則に記載すべき内容

就業規則には、具体的にどのような内容を記載していったらよいのでしょうか。一般的な**就業規則の章立て**を例示しておくと以下のとおりです。

> 第1章　総　則
> 第2章　採　用
> 第3章　服務規律
> 第4章　労働時間・休憩・休日
> 第5章　休暇・休職
> 第6章　人事異動
> 第7章　退職・解雇
> 第8章　表彰・懲戒
> 第9章　安全衛生
> 第10章　賃　金
> 第11章　福利厚生
> 第12章　雑　則

就業規則に記載する内容は、このように多岐にわたり、なかなかのボリュームとなります。

弊社で作成する場合でも、全体で100条近い規程になることもあります。

🏢 就業規則はできるだけシンプルにしたい？

　ベンチャー企業の担当者と就業規則について打ち合わせをすると、「こんなにかっちりした重厚な規程が必要なのですか？」というようなことを驚き交じりに言われることがあります。

　ベンチャー企業の多くが、スピード感と柔軟性でビジネスを展開しており、これまであまり就業上のルールなどは設けずに、自由な風土で運営してきているところが多いため、「あえて規程に具体的なことを決めたくない」「できる限り規程はシンプルにしたい」という意見をいただくこともあります。

　実際に、ベンチャー企業のなかには、就業規則には数個の服務規律しか規定しておらず、懲戒事由も数個のみというきわめてシンプルなものしか策定していないところも見られます。

　就業規則には、前述したように絶対的明示事項があり、法律上この絶対的必要記載事項が盛り込まれていれば、特段そのほかの制約というものはありません。したがって、ボリュームの薄い、内容を限定した最小限の就業規則というものももちろん可能ですし、あえてそのような就業規則にしているという企業もあります。

　最近では、ティール組織やホラクラシー型組織などフラットな企業風土で自律的な組織にしたいというような理想を持っているベンチャー企業も多くあります。

　そういった企業では、かっちり厳しめの条文がつらつらと並んでいる就業規則には抵抗感があるというのもよくわかります。

🏢 ベンチャー企業こそかっちりしたものを

　しかし、私は常々申し上げているのですが、「ベンチャー企業こそ、かっちりとしたスキのない就業規則を策定するべき」と考えています。

　その理由は、以下のように2つあります。

①問題社員を採用してしまうリスクが高い

　大企業は、企業としてのブランド力があることが多く、優秀な人材が集まりやすいといえます。一方、ベンチャー企業では、採用に苦労しているところが多くあります。

　また、大企業では採用に関して豊富なノウハウを持っていたり、面接官も経験を多く積んでいることから、自社にマッチした人材をスクリーニングできるということがありますが、ベンチャー企業ではそもそも採用人数自体が多くなく、人材を見抜く力が不足しているところがあるのも事実です。

　そうした事情があるため、**ベンチャー企業では問題社員を採用してしまう可能性が大企業よりも高い**と考えています。

　私は、仕事柄これまで多くの企業の就業規則を見てきましたが、実は、大企業のほうが就業規則のつくり方が甘いというような印象を持っています。

　もちろん、企業による違いはありますが、就業規則の条文数が少なかったり、規定が甘かったりするというのは、「いままであまり問題社員が発生してこなかった」ということの裏返しであると考えます。

　だからこそ、「大企業のひな型をもらってきて、それをうちの就業規則にしている」というベンチャー企業もあるのですが、これはとても危険なことです。

　ベンチャー企業こそ、問題社員の発生に備え、労務トラブル対策のためにも、しっかりとした就業規則をつくるべきなのです。

②就業規則が人事担当者のマニュアルとなる

　これは、上記①に比べると付随的な理由ではありますが、就業規則には会社の労務管理の諸ルールを定めるわけですから、同時にこれは人事労務担当者の日々のオペレーション上のマニュアルとしても使えます。

　「従業員の入社時に提出してもらう書類一式は何だっけ？」「退社

時にもらう書類はどれだっけ？」「うちの会社の法定休日は？」「有休の付与日数は何日？」などなど困ることがありますが、このようなことは、**すべて就業規則に網羅**されていますから、人事担当者にとって日々拠り所にできるものとなるのです。

　ベンチャー企業では、人の入れ替わりが激しく、規程として明文化されていないオペレーションは、担当者が代わると、とたんにわからなくなるということが多くあります。

　真に使える、内容の濃い実務的な就業規則を準備することは、こうした意味からも非常に有効です。

🏢 10名を待ってから策定するのでは遅い！

　弊社では、創業後、従業員が10名になるのを待たずとも、「これから人が増えそうだ」というような手ごたえを感じ始めているぐらいの早いタイミングで、就業規則を作成することをお勧めしています。

　その理由としては、以下の3つのことがあげられます。

①就業規則は会社を守る武器となるから

　創業間もないベンチャー企業の多くが、「10名未満なので、まだ就業規則の作成は必要ない」と考えているようです。

　就業規則を作成するのにも、たとえば社会保険労務士に頼めばそれなりのコストがかかりますし、これまで特に従業員とトラブルになったことがないという企業にとっては、就業規則の必要性はさほど感じていないのかもしれません。

　しかし、就業規則のありがたみは「何も起こっていない平時」ではなく、「**トラブルが起こってしまった緊急時**」に初めて感じるものなのです。

　トラブル発生時には、適切に作成された就業規則は会社を守る強力な武器になってくれます（あくまでも適切な内容で、リスク防止の観点を入れた就業規則であることが前提です）。

たとえば、問題社員が発生した場合は通常、企業秩序を守るためには「懲戒処分」で将来を戒めるということが必要になります。

懲戒処分には、軽微なものでは始末書を提出させる「けん責処分」から、一番重いと会社との雇用契約を一方的に終了させる「懲戒解雇」まであります。

こうした懲戒処分は、就業規則に懲戒事由が記載されていないと、行なうことはできません。

従業員規模が10人未満であっても、1－2項で説明したように労務トラブルが発生することは多々ありますし、企業秩序を維持し、他の従業員のモチベーションを低下させないためにも、懲戒処分をせざるを得ないケースも出てくる可能性があります。

こうした場合に就業規則がないと、懲戒処分を行なうことが難しくなってしまうのです。

②助成金の受給には就業規則が必要となるから

創業間もないベンチャー企業は、何かと資金が不足しがちです。

資金調達するには、銀行等から融資を受ける方法もありますが、国や地方公共団体、民間団体が、**創業期の企業をサポートするさまざまな補助金や助成金制度**を用意しており、そのような助成金を利用するのも手堅い方法です。

貸付ではない、返済不要の助成金制度も多く用意されており、ベンチャー企業にとってはとても魅力的です。

厚生労働省でも毎年、国の進めたい政策や方針を企業に推進するために、**雇用に関する助成金制度**を数多く用意しています（毎年4月にその年の雇用に関する助成金制度の概要が発表されるので、注目してみると自社に合った助成金制度が見つかるかもしれません）。

こうした返済不要の助成金のなかでも特に有名なものとして、「**キャリアアップ助成金**」というものがあります。名前は聞いたことがあるという人もいるかもしれません。

このキャリアアップ助成金は、いわゆる非正規雇用労働者を正社

員にしたり、非正規雇用労働者のキャリアアップ、処遇改善の取組みを実施した事業主に支給される助成金です。

たとえば、有期契約労働者等を正社員に転換した場合、1人あたり57万円が支給されます（中小企業の場合／2018年度）。

この助成金は、受給要件も厳しくなく、受給できる金額も大きいため、ベンチャー企業や創業間もない企業からの問い合わせが多い助成金の1つなのですが、このキャリアアップ助成金をはじめ、雇用に関する助成金については、**就業規則の作成が必須**のものが多くあります。

そこで、資金力が乏しい初期の段階に、スムーズに受給するためにも、なるべく早い段階で就業規則を作成することをお勧めしています。

③就業規則は不利益変更が難しいから

「**不利益変更**」とは、労務管理のなかで使われた場合、会社が一方的な判断で労働者にとって不利益な内容に、労働条件を変更することをいいます。

労働条件は、労働者と会社双方の合意によって決定するのが原則です。そして、この合意を変更することは、**双方の合意によって**しか行なうことはできません。

つまり、一度、労働条件を合意によって決定してしまうと、会社は労働者の意思に反して一方的に労働条件を変えることはできないのです。

労働条件を確定するものとしては、労働者と取り交わした雇用契約書に加え、就業規則もその1つです。

そのため、就業規則は労働者との合意によらずに、**会社が勝手に変更することは原則としてできない**ことになります。

一方、就業規則の変更に合理性があり、就業規則が周知されている場合には、その変更後の労働条件は有効となるという例外はありますが、不利益変更をした結果、労働者に著しく不利となる労働条

件になる場合には合理性があるとは判断されません。

結論として、一度作成した就業規則は、労働者の不利益となるように変更することは難しく、どうしても不利益な内容に変更を行なおうとする場合には、すべての従業員を対象にした規程内容説明会を開き、同意書を受領するというようなプロセスを経る必要があります。

そのため、従業員規模が少ないうちに、いいかげんな労務管理を行なっていたり、インターネットから拾ってきた就業規則を使っていたりする場合、いざ「本格的に就業規則を作成しよう！」と思ったときには、大幅に不利益変更をせざるを得ないというケースが多いのです。

このようなことを防ぐためにも、早い段階で就業規則を作成しておくことをお勧めしています。

ベンチャー企業が導入したい就業規則の条文とは

ベンチャー企業で特に関心が高い事項に関して、就業規則にどう盛り込んだらよいか具体的に紹介していきましょう。

【副業】

副業に関しては、2017年以降、政府主導で働き方改革が進められた流れに関連し、大企業でも社員の副業を解禁したなどのニュースが大きく報道されるなど、ますます副業への関心は高まっています。

特にベンチャー企業では、優秀な人材の確保などを狙い、副業については前向きな企業が多いように感じます。

副業をいざ導入するにあたり、1つのポイントとなるのが、副業といってもさまざまな形があり、自社に雇用されつつ、他社にも雇用される「**自社雇用・他社雇用型**」なのか、自社に雇用されつつフリーランス・個人事業主として他社の業務を請け負うような「**自社雇用・自営業型**」なのかによって、必要な労務管理は異なってくる

ということです。

詳細は、3－2項で解説するので（103ページ参照）割愛しますが、副業については、他社で雇用されるようなものは認めず、自分で事業を営むフリーランス・自営業の場合しか認めないという運用のほうが、現時点では企業としての労務リスクが少ないといえるでしょう。

そこで、ひとまず初めて副業を導入するといった場合には、「**自社雇用・フリーランス型**」の副業の導入をお勧めしています。

就業規則の規定例

（副業の取扱い）
第〇条　社員の副業は、雇用契約が一社となるもののみ認めるものとする。ただし、特別な事情があると会社が認めた場合にはこの限りではない。

【SNSの利用】

ITベンチャー企業の場合、社員に会社のSNSアカウントを管理させて情報を発信させたり、ユーザーとコミュニケーションをとるような機会が多くあります。

またITベンチャー企業では、若い従業員が多いため、プライベートでSNSを利用しているケースがほとんどかと思います。

SNSを利用する機会が多ければ、社員がリリース前の企業情報を勝手に発信してしまったり、取引先の情報を漏えいしてしまったりするリスクが高まります。

そこで、SNSの利用についての服務規律に関する条文は、ITベンチャー企業では必ず就業規則に織り込んでおきたいところです。

> **就業規則の規定例**
>
> （SNSの利用）
> 第〇条　社員がSNS等を利用して会社に関係する情報、その他の情報を発信する場合には、会社および取引先、その他の第三者の秘密情報を漏えいしたり、著作権や肖像権、プライバシーを侵害する等各種法令に違反するような内容や、会社の信用・企業ブランドイメージを損なう内容を発信してはならない。また、当該情報発信が会社の公式の情報発信であると誤認されるような内容の発信をしてはならない。

【特別休暇】

　ベンチャー企業では、話題性やインパクトに富んだユニークな特別休暇制度を設けている企業が多くあります。

　たとえば、「誕生日休暇」「キッズバースデー休暇」「パートナーバースデー休暇」「リフレッシュ休暇」「ボランティア休暇」「家族サンクス休暇」などがあり、面白いところだと「セール休暇」「失恋休暇」など、各社いろいろな特別休暇を導入しています。

　こうした企業独自の特別休暇制度は、労働基準法で最低限確保しなければならない法定休日とは異なり、特段、制度を設けなければならないなどの定めはありません。

　企業が、社員に対して**福利厚生の１つとして与える休暇**というような位置づけとなります。

　こうした特別休暇を導入する際のポイントとしては、以下の点をどうするかという問題があります。

---

①有給にするか無給とするか
②取得日数を何日とするか
③有効期限をどうするか

特別休暇については、その内容にもよりますが、たとえば「誕生日休暇」などは年に1回しかないことなので、有給として付与するケースが多くなっています。
　また有効期限についても、その事象発生の前後1か月以内に取得するといったものから、1年後まで認めるといったものまでさまざまですが、「誕生日休暇」などはその事象発生の前後1か月以内に取得してもらうなどの設計にすると、本来の「社員の誕生日へのお祝いの気持ち」という趣旨からは外れないように思います。

就業規則の規定例

（誕生日休暇）
第○条　会社は、社員に対して1日の誕生日休暇を付与する。
2　誕生日休暇は、社員の誕生日の属する月の前後1か月の間に取得することができる。
3　誕生日休暇を請求する場合には、原則として1週間前までに届け出なければならない。
4　誕生日休暇については、有給とし、通常の賃金を支払う。

2-7

アーリーステージに必要な労務管理② 柔軟な労働時間制度の導入

柔軟な労働時間制度を検討する時期

　従業員が10人を超えてくると、朝は9時に出社して、夜は18時に帰るというような固定的な労働時間制度ではなく、柔軟な労働時間制度の導入を考える時期に差しかかります。

　これまでなんとなく社長の裁量で早く出社するのを認めたり、就業時間の途中で私用外出をするのを認めたりと、運用で柔軟に対応してきたというベンチャー企業においても、従業員数が増えてくると、個別の許可を与えながら運用をするというのにも限界が見えてきます。

　また、他社から転職してきた従業員から「前の会社ではフレックスタイムを採用していたので、この会社でも導入してほしい」といった要望が出てくることにより、新しい労働時間制度の導入を検討するということも多くなっています。

　一方で、人件費が増大してきたことにより、経営側から「裁量労働制を適用すれば、いまかかっている残業代は減らせるのかも」といった関心が出てくる時期でもあります。

　ここでは、柔軟な労働時間制度のなかでも、主にベンチャー企業からの関心が高い「フレックスタイム制」と「裁量労働制」について説明していきます。

フレックスタイム制とは何か

　「フレックスタイム制」とは、教科書的にいえば、「1日の労働時間の長さを固定的に定めず、一定の期間の総労働時間を定めておき、労働者がその総労働時間の範囲で各労働日の労働時間を自分で決めることができる労働時間制度」のことです。

もっとわかりやすくいえば、たとえば普通の労働時間制度の場合、1日の労働時間は8時間などと決められており、その日の業務が忙しくなかったとしても、8時間は会社にいなくてはならないと思います。

　また、あらかじめ明日は忙しくなる、絶対に10時間は働くことになる…、ということがわかっていても、所定の労働時間が8時間であれば、上回った2時間分については割増賃金が発生してしまいます。

　ここでフレックスタイム制を導入すると、労働者自らが、「今日は忙しくないから4時間で帰ろう」「明日は忙しいから10時間働こう」というように、**毎日の労働時間を柔軟に自分で運用**することができるのです。

　このように、柔軟に日々の労働時間を決定して働いた結果、1か月の労働時間を集計して、あらかじめ決まっている1か月の総労働時間（たとえば160時間）を上回っていれば、その分の割増賃金が発生し、逆に下回っていれば、その分の賃金が控除されるといった運用になるのがフレックスタイム制です。

🏢 フレックスタイム制に関する素朴な疑問

　毎日の労働時間を業務の繁閑に合わせて決めることができれば、**育児・介護などとの両立**もしやすくなりますし、**プライベートも充実**させやすくなります。

　また、通勤時のラッシュを避けて出社するというようなことも可能になり、毎日の満員電車のストレスからも解放されます。

　このように、フレックスタイム制は従業員に大きなメリットのある制度ですが、会社としても、より**自律的に働きたい優秀な人材が確保できる**ようになったり、**採用時にアピールポイント**となったりとメリットがある制度です。

　フレックスタイム制は、名前はよく知られていますが、実は誤解が多い制度です。

そこで、フレックスタイム制に関してよくある質問を2つほど紹介しましょう。

> **Q** フレックスタイム制だと、いつ出社してもいいし、いつ退社してもいいことになりますか？
>
> **A** フレックスタイム制に関してよくある誤解ですが、フレックスタイム制を導入していても、完全に出退社の時間が自由という会社はあまりありません。

こうした出退社の時間を完全に従業員が自由に決められるといういわゆる「**スーパーフレックスタイム制**」を導入する会社も増えているようですが、多くの企業では、「**コアタイム**」というものを設けています。

コアタイムとは、「**必ず出勤していなければならない時間帯**」のことです。

コアタイムとは逆に、労働者自身が「**自由に働く時間を決められる時間帯**」のことを「**フレキシブルタイム**」といいます。

フレックスタイム制は、労働者が自由に始業・終業の時刻を決定できる制度なので、会社（上司）がたとえば「明日は9時には出社していてください」「明日は絶対17時までは会社にいてください」というような指示をすることは、基本的にはできません。

そのため、コアタイムを設けることで、会社からすれば「従業員全員がそろう時間」をつくることができ、その時間帯を利用して必要なミーティングを行なったりするという運用を行なっている会社が多くなっています。

フレックスタイム制の具体例をあげると、次ページ図のとおりです。

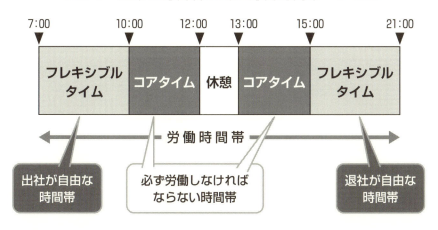

◎フレックスタイム制の具体例◎

> **Q** フレックスタイム制だと、残業代は払われないと聞きましたが、本当ですか？
>
> **A** そんなことはありません。フレックスタイム制を導入した場合でも残業代は発生します。

　これは、誤解している人が非常に多いのですが、フレックスタイム制であっても残業代の支払いは必要です。
　通常の労働時間制度であれば、「1日8時間・週40時間」の労働時間数を超えた場合、会社は通常の賃金よりも25％以上を加算した割増賃金を支払う必要があります。
　一方、フレックスタイム制では、「**清算期間における総労働時間**」を超える時間外労働があれば、残業代が支払われるというしくみになっています。
　つまり、1日8時間、週40時間という**法定労働時間**の枠を超えて

いても、「清算期間における総労働時間」の枠内におさまっていれば、残業代は発生しないというケースもあります。
　しかし、前述したように、「清算期間における総労働時間」を超える時間外労働があれば、残業代の支給は必須です。

　そもそも「清算期間」とは、フレックスタイム制において労働者が労働すべき時間を定める期間のことで、賃金の計算期間に合わせて1か月として運用していることが一般的です。
　そして「総労働時間」とは、会社が独自に定めた**所定労働時間**のことで、「清算期間における総労働時間」というのは、たとえば1か月で160時間のように会社が決めるわけです。
　ざっくりいえば、この160時間に対して、1か月経過後、実績としてどの程度、実際に労働者が働いたのかを見ることになります。160時間に満たない労働時間の場合には賃金控除がされたり、上回っている場合には割増賃金が発生するというしくみなのです。
　つまり、通常の労働時間制度だと1日、1週間で割増賃金の発生を確認していたところを、1か月などの清算期間において割増賃金が発生しているか否かを確認するということになります。
　また、フレックスタイム制を導入していても、深夜労働や休日労働の割増賃金は必要となるので、いずれにせよ「フレックスタイム制は割増賃金がまったく発生しない制度」というのは大きな誤解です。

【働き方改革関連法による2019年4月からの変更点】
　「働き方改革関連法」が2018年6月に可決・成立したことにより、フレックスタイム制については、2019年4月から変更点があります。
　前述したフレックスタイム制の「清算期間」は、従来は最長1か月とされていましたが、2019年4月からは清算期間の上限を「3か月」に延長することが可能になります。

裁量労働制とは何か

「裁量労働制」とは、業務の性質上その遂行の方法を大幅に労働者の裁量に委ねる必要があるため、業務の遂行の手段・時間配分の決定に関し使用者が具体的に指示をすることが困難な業務に従事する者について、「実際に労働した時間に関わらず、一定の時間を労働したものとみなす」制度です。

ざっくりいえば、裁量労働制が適用される従業員については、10時間働いたとしても、事前に「8時間とみなす」としていれば、8時間の労働時間とみなす制度ということです。

また、逆もしかりで、3時間しか働かなかったとしても、8時間働いたとみなします。

この裁量労働制には、「専門業務型裁量労働制」と「企画業務型裁量労働制」の2種類があります。

専門業務型裁量労働制は、法令で認められた次ページ図の19の対象業務のみ認められるもので、代表的なものでいえば、デザイナーやコピーライター、システムエンジニア等が該当します。

一方、企画業務型裁量労働制は、「事業の運営に関する事項についての企画、立案、調査および分析の業務」に認められており、企業経営の中枢部門において、企画立案などの業務に携わっている者などが該当します。

専門業務型にしても企画業務型にしても、「裁量」と名が付いているように、**業務を遂行するのに労働者の相応の裁量が必要な業務**に対して認められるという共通点があります。

一般的な労働時間制度では、毎日の始業・終業の時刻が決められており、労働者はその日の業務量がたとえ少なかったとしても3時間で帰るなどといったことは認められません。

しかし裁量労働制では、始業・終業の時刻を労働者自身が決定することが可能です。

◎専門業務型裁量労働制を適用することができる19業務◎

① 研究開発
② システムエンジニア
③ 取材・編集
④ デザイナー
⑤ プロデューサー・ディレクター
⑥ コピーライター
⑦ システムコンサルタント
⑧ インテリアコーディネーター
⑨ ゲームソフトの創作
⑩ 証券アナリスト
⑪ 金融商品の開発
⑫ 大学での教授研究
⑬ 公認会計士
⑭ 弁護士
⑮ 建築士
⑯ 不動産鑑定士
⑰ 弁理士
⑱ 税理士
⑲ 中小企業診断士

　たとえば、デザイナーやコピーライターの人などは、毎日8時間きっちりと労働時間を管理されて仕事をするというよりも、その日のアイディアのひらめき具合等によって、「今日ははかどるので、イメージを形にしてしまおう」という日もあれば、「今日はまるでひらめかない…」という日もあるでしょうし、日によってメリハリをつけて自身の裁量で業務を遂行するほうが効率的であるというのは、なんとなくイメージしやすい例だと思います。

このように、業務の進め方に労働者自身の裁量が必要な業務について適用することができる制度が「裁量労働制」なのです。

裁量労働制に関する素朴な疑問

裁量労働制についても、フレックスタイム制同様に誤解している人が多いようです。そこで、裁量労働制に関してよくある質問を2つほど紹介しましょう。

> **Q** 裁量労働制を導入すると、残業代は不要になりますか？
>
> **A** 裁量労働制を適用していても、深夜労働や休日労働の割増賃金の支払いは必要です。

裁量労働制は「10時間働いたとしても、事前に『8時間とみなす』としていれば、労働時間は8時間とみなす制度」と前述したように、通常の労働時間制度では2時間分の割増賃金が必要になるところを、裁量労働制のもとではこの2時間分の割増賃金が不要となることは間違いありません。

しかし、裁量労働制のもとでも、深夜労働と休日労働に関しては適用外となるため、会社としては、夜22時から翌朝5時までに裁量労働制適用者が働いた場合には深夜割増賃金の支払い義務は免れませんし、休日労働をした場合にもその時間分については休日割増賃金の支払いが必要です。

ある会社では、裁量労働制適用者が意図的に始業時刻を夜からにして、深夜労働ばかりを行なって割増賃金を稼ごうとしたという例がありました。

裁量労働制を導入する場合でも、**深夜労働や休日勤務は、原則として許可制**とすることをお勧めしています。

> **Q** 裁量労働制を導入したら、労働者の時間管理をする必要はないのでしょうか？
>
> **A** 裁量労働制を導入した場合でも、労働者の健康管理の面から労働時間管理は必要です。

　裁量労働制適用者については、労働時間を把握する必要はないというのは誤った認識です。

　通常の労働時間管理を行なっている労働者については、時間外手当の計算が必要なため、労働時間については当然に把握しているところですが、通常の時間外手当が基本的には発生しない裁量労働制適用者については特段、労働時間管理をする必要はないと考えている経営者が多くいらっしゃいます。

　しかし、裁量労働制適用者についても、「**健康確保を図る必要から使用者が適正な労働時間管理を行なう責務がある**」と法律に明記されています。

　つまり、裁量労働制適用者についても、まったく労働時間管理をしないということは許されないわけです。

　昨今、過労死等に対する世間の目は非常に厳しく、企業にとって従業員の安全配慮義務については、これまで以上に徹底していくことが求められています。したがって、裁量労働制適用者についても、その月の労働時間がどれだけあったのかについて把握する必要があります。

　また、前述したように、結局は深夜勤務手当などの支給が別途必要となるため、従業員が深夜に労働していないかの把握も必要となり、結果として裁量労働制適用者について、労働時間管理をまったく行なわないということは現実的ではありません。

このように、裁量労働制は、煩雑な労働時間管理が生じず、時間外手当も必要ないというような、経営者にとって夢のような制度ではありません。また、導入する際には労働者と労使協定を締結して、労働基準監督署に届け出なければならないなど、導入するには手間もかかる制度です。

　企業が裁量労働制を導入する大きなメリットとしては、残業代が削減できるとかいうことよりも、正しく運用された場合には、働く従業員が労働時間を柔軟にコントロールすることができ、仕事を自分自身が効率的であると考えた手順で進められることなどにより、従業員が時間で働くというよりも、成果を確実にあげられるよう仕事に向き合うことが可能になること、そしてそれが企業全体にとっては生産性が上がるということであり、そのことが裁量労働制導入の大きなメリットではないかと私は考えています。

2-8

ミドルステージに必要な労務管理①
安全衛生管理体制の整備

産業医の選任

　従業員50人以上のミドルステージとなると、労働安全衛生法上、企業がやらなければならない義務が激増するため、自社内の「**安全衛生管理体制**」を本格的に構築する時期となります。

　まず、従業員が50人以上となると、労働安全衛生法により「**産業医**」を1名以上選任することが義務となるため、14日以内に選任し、

前ページの報告書を労働基準監督署に提出しなければなりません。
　なお、従業員の数によって、下表のように選任すべき産業医の人数が変わります。

| 従業員50人以上3,000人以下 | 産業医1名以上 |
| 従業員3,001人以上 | 産業医2名以上 |

　また、産業医は、その勤務形態によって「専属産業医」か「嘱託産業医」に分かれます。

【専属産業医】
　専属産業医とは、文字どおりその事業場に専属の産業医のことです。従業員の数が多い大企業などでは、選任する産業医は「専属産業医」である必要がありますが、50名になったばかりのベンチャー企業の場合には、次の「嘱託産業医」を選任することになります。
　従業員規模に応じた専属産業医の人数は下表のとおりです。

| 従業員1,000人以上
または有害業務に500人以上従事 | 専属産業医1名以上 |
| 従業員3,001人以上 | 専属産業医2名以上 |

【嘱託産業医】
　嘱託産業医は、月に1～2回・1回数時間、会社に訪問をするといった形態が一般的です。従業員が50人以上999人以下の場合は、「嘱託産業医」を選任することが可能です。
　会社の規模別に産業医の選任義務をまとめると、下表のようになります。

50人未満	選任義務なし
50～499人	嘱託産業医1名
500人～999人	嘱託産業医1名 ただし、有害業務の場合は専属産業医1名
1,000人～3,000人	専属産業医1名
3,001人以上	専属産業医2名

産業医は安易に選定しない

　従業員が50人以上となった段階で、速やかに嘱託産業医を1名選任できるようにしておく必要があるわけですが、「とりあえず産業医さえ選任すればよいだろう」とあまり深く考えずに選任すると、あとで人事労務担当者が困ることになります。

　昨今、メンタルヘルス不調者が多くなっており、企業においては**休職者の対応**というのが避けて通れなくなっています。

　就業規則を策定するにあたっては、通常、休職や復職に関する規定を盛り込むことになりますが、この休職・復職の判断は**産業医の意見を聴いて**行なわなければなりません。

　この休職・復職の判断をめぐり、休職者本人・人事労務担当部署・現場の所属長・産業医の意見がそれぞれ対立してしまうと、休職者の対応が非常にややこしくなってしまうのです。

休職の考え方と産業医の関係

　通常、「休職制度」は、一定の休職期間を設けたうえで、その休職期間内に復職ができないようであれば、会社と休職者の間の労働契約が当然に終了するという「**自然退職制度**」とセットになっています。

　実務上、この自然退職制度は、契約社員の契約期間満了のようなものであり、解雇ではありませんので、比較的スムーズに労働契約関係を解消できるということで、人事労務担当部署にとっては使い勝手のよい制度でもあります。

　使い勝手がよいというとやや語弊がありますが、たとえば数か月の間に何回も欠勤を繰り返し、出勤がままならず、結果として日々の仕事のパフォーマンスも上がらないという社員が、メンタル不調で休職に入り、休職期間満了間際に復職を希望しているケースがあったとします。

本当にメンタル不調が治っており、今後も本人が真摯に勤務してもらえるという場合なら問題にはなりませんが、こうしたケースの多くで、メンタル不調が完治していない状態で復職することにより、不完全な労働の提供が行なわれ、会社が期待しているパフォーマンスを発揮してもらえず、周囲の従業員のモチベーションにも悪影響を与えてしまう場合が多くあります。

　この場合、産業医の意見が「復職可能。ただし、業務は軽減してください」というものであれば、その者を復職させざるを得ませんが、産業医の意見が「本来程度の業務が行なえる状態にはなっていないため、復職不可」というものであれば、休職期間満了になれば当然に、労働契約は解消されるということになります。

　もちろん、会社の恣意によって無理やり自然退職させるというようなことは言語道断で、認められることではありません。

　しかし、実際に治癒していないにもかかわらず、休職者本人の意見を鵜呑みにして、産業医が不用意に「復職可」と診断してしまうのも困りものです。

　産業医は、休職者に対し複数の関係者がいるなかで、それぞれの関係者の意向を調整する必要があります。

　そのため、こうした調整能力があり、会社の事情も理解してくれる産業医を選任することを強くお勧めします。

🏢 産業医の選び方

　産業医の探し方については、地域ごとに医師会があり、そうしたところから紹介を受けるという方法もありますが、会社の事情とは無関係の医師が派遣されてしまうケースがあるので、**民間の「産業医人材紹介サービス」を利用**するほうが確実だと考えます。

　最近では、ＩＴベンチャー企業特化型の産業医サービスなどもあるので、こうした業界特性を理解している産業医紹介サービスなどを利用するのもよいかもしれません。

衛生委員会を開催しよう

　常時50人以上の労働者を使用する事業場は、その事業場ごとに、衛生に関する事項を調査審議し、**労働者側の意見を事業者に対して表明するための機関**として、「衛生委員会」を設置しなければなりません。

　この衛生委員会は、毎月1回は開催し、議事の記録は3年間保存しなければなりません。またあわせて、委員会開催のつど、すみやかに議事の概要を労働者に周知する必要があります。

【衛生委員会では何を審議するの？】

　労働安全衛生法には、衛生委員会で以下の事項を審議しなければならない旨が規定されています。

> ①労働者の健康障害を防止するための基本となるべき対策に関する事項
> ②労働者の健康の保持増進を図るための基本となるべき対策に関する事項
> ③労働災害の原因および再発防止対策のための衛生に関する事項
> ④その他、労働者の健康障害の防止・健康の保持増進に関する重要事項

　これだけ見るとわかりにくいのですが、具体的には、**定例報告**として、毎月の長時間労働に関する事項や産業医の面談実施状況を報告したり、労災事故があればその報告をするというケースが多くなっています。

　また、夏であれば熱中症予防のための対策であったり、冬になればインフルエンザ対策について審議することが考えられます。

　さらに、災害や地震対策（ロッカー転倒防止のため金具等による

固定を行なうこと、備蓄品を配備することなど）の検討などもあります。

衛生に関することで、労働者の健康に資することであれば、どんなことでも衛生委員会のテーマとしてふさわしいと考えます。

難しく考えずに、たとえば「湿度計を導入してみてはどうか」とか、あるいは「アルコール消毒液をトイレに配備してみよう」など、会社の状況に応じて柔軟に審議テーマを設定すると、毎月のテーマがマンネリ化しにくいのではないかと思います。

【衛生委員会のメンバーは？】

では、衛生委員会にはどのようなメンバーが出席する必要があるのでしょうか？　このことも労働安全衛生法で決められており、以下のメンバーで構成することになっています。

---

①議長（1名）…統括安全衛生管理者または事業の実務を統括する者もしくはこれに準ずる者のうちから事業者が指名した者
②衛生管理者（1名以上）
③産業医（1名以上）
④衛生に関する経験のある労働者（1名以上）
⑤作業環境測定士（任意）

なお、②の衛生管理者とは、常時使用する労働者が50人以上となった場合には、専属として1名以上選任しなければならないもので、衛生管理者免許を取得している人や、医師等の資格を有する人でないと、衛生管理者になることはできません。

したがって、従業員の数が50名以上になる直前には、人事労務担当部署の従業員に、あらかじめ衛生管理者免許を取得させるようにしておくほうがよいでしょう。

🏢 ストレスチェックを実施しよう

　2015年12月1日から、労働安全衛生法の改正により、従業員50人以上の事業場に対しては、「**ストレスチェック**」の実施が義務づけられました。

　もともと年に1回、**定期健康診断**を受診することは労働安全衛生法上の義務でしたが、これに加えて、ストレスチェックの実施も会社の義務になったわけです。

　健康診断をやらなければならないことを知っている経営者は多いのですが、ストレスチェックについても義務であるとは知らなかったという会社が多いように感じています。

　そもそもストレスチェックとは何なのかというと、1年に1回、医師・保健師等が心理的な負担の程度を把握するために行なう**一定の項目を含む検査**のことです。

　労働者50人未満の事業者については当分の間、努力義務とされていますが、50人以上の企業については実施が義務づけられています。

　ここで「一定の項目」とは、次のとおりです。

> ①職場における当該労働者の心理的な負担の原因に関する項目
> ②当該労働者の心理的な負担による心身の自覚症状に関する項目
> ③職場における他の労働者による当該労働者への支援に関する項目

　なお、ストレスチェックを実施する際の流れは、次ページ図のようになっています。

◎ストレスチェックを実施する流れ◎

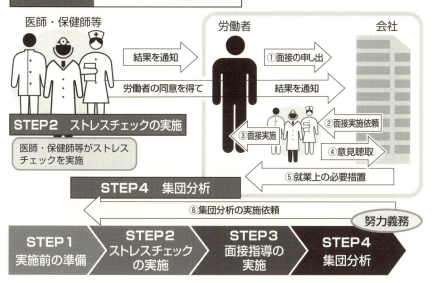

　図の「STEP1」の「実施前の準備」としては、衛生委員会での調査審議や実施体制の整備を行なうことが必要です。また、ストレスチェック規程についても策定が求められています。

　「STEP2」の「ストレスチェックの実施」の段階では、産業医にストレスチェックを実施してもらうことができれば、会社のことを理解してくれているので、それが一番よいと思いますが、難しい場合には、外部の委託先の医師に行なってもらうことになると思います。

　なお、ストレスチェックは、保健師等が行なうことも可能なのですが、実務上はやはり産業医等の医師にお願いすることが確実かと考えます。

　「STEP3」には「ストレスチェック後の面接指導等」とありますが、ストレスチェックの結果、高ストレス者と判定された者か

ら面接指導の申し出があった場合には、医師による面接指導を行なう必要があります。

その結果、医師の意見を勘案して必要性があると判断された場合には、就業場所の変更、作業の転換、労働時間の短縮、深夜業の回数の減少などの、**就業上の措置**を講じなければならないとされています。

「STEP4」には「集団分析」とありますが、企業にはストレスチェック後、ストレスチェックを実施した医師等に当該検査結果を部や課の一定規模の集団ごとに集計させ、結果を分析させるよう努力義務が課されています。

STEP4は努力義務なので、STEP1〜STEP3と異なり、必ずやらなければならないわけではありませんが、覚えておきましょう。

以上のように、ストレスチェックを実施するためには、事前準備や、産業医等の医師との連携が必要となり、検討しなければならない事項も多くあります。

厚生労働省でも、下図のような無料でできるストレスチェックツール（http://stresscheck.mhlw.go.jp/）を配布していますので、特段のお金をかけずに実施したいという場合には、こうしたツールを使うことも一案ですが、外部委託してしまうほうがスムーズという場合も多いようです。自社にとって最適な方法で実施しましょう。

なお、ストレスチェックの結果については、所轄の労働基準監督署長に下記の報告書を提出しなければなりません。
　提出時期は、事業年度の終了後など事業場ごとに設定することができるので、自社の都合に合わせて提出するようにしましょう。

2-9 ミドルステージに必要な労務管理② 障害者の雇用義務

障害者の雇用義務とは何か

「障害者の雇用」については、多様な働き方、ダイバーシティ、人手不足、一億総活躍など昨今話題のキーワードに関連し、ニュースなどでも耳にする機会が増えていますが、従業員規模が50名以上となった企業については、この障害者の雇用義務がすでに発生しています。

障害者の雇用について企業の義務などが規定されているのは、「**障害者雇用促進法**」という法律ですが、この法律に規定されている大きな義務として、企業・国・地方自治体等の従業員規模に応じて一定割合以上の障害者の雇用義務を課しています。そして、この**障害者雇用率**は、徐々に引き上げられてきています。

たとえば、2018年4月にも引き上げが行なわれ、これにより**民間企業の障害者法定雇用率は現在2.2%**となっています。

2.2%といわれても、ややイメージがわきにくいですが、たとえば従業員が100人の会社なら、「100人×2.2%＝2.2人」の障害者雇用が必要となり、小数点以下を切り捨てた2人の雇用が必要になるということです。

また、逆算すると**従業員が45.5人以上の事業主は、障害者を1人以上雇用する義務が発生**することになります。

45.5人というと、「45人ではなくて45.5人？ 0.5人はどうやってカウントすればいいの？」という疑問が生じると思います。物理的には0.5人の従業員はあり得ないのですが、障害者雇用において雇用労働者数や実雇用の障害者数を算定する場合には、週の所定労働時間が20時間以上30時間未満の人は、短時間労働者0.5人としてカウントするため、このような0.5人単位の話がでてきます。

つまり、この項の冒頭で「50人以上」といいましたが、正確には「45.5人以上」ということになるので、50人になるのを待たずに障害者の雇用義務が発生していることになります。

障害者の雇用は、一部の大企業だけではなく、規模の小さなベンチャー企業にとっても他人ごとではないのです。

障害者雇用率を守らないとどうなる？

では、この障害者雇用率を守らない場合はどうなるのでしょうか。

実は、障害者雇用率を守らない企業に対して罰則はありません。しかし、障害者の雇用人数が法定雇用率を満たしていない場合は、**障害者雇用納付金**というものの納付が必要になります。

「障害者雇用納付金」とは、法定雇用率で計算される人数に対し、それに満たない場合は1名の不足に対して月額5万円を納付しなければならないという制度です。

かつては、常時雇用する従業員数が200人を超えている企業が障害者雇用納付金の納付義務の対象となっていたのですが、2015年4月1日からは、常時雇用する従業員数が100人を超える企業が対象となっています。

つまり、従業員規模が100名を超えていない段階では、障害者の雇用義務は発生しても、障害者雇用納付金の納付義務はいまのところありません。

しかし実は、この障害者雇用納付金の対象がさらに従業員50人以上の企業にも拡大適用されることが、2019年3月現在、厚生労働省で検討されています。

今後は、障害者雇用納付金の支払いも義務になる可能性があるので、今後の動きに注目していく必要があります。

なお、従業員45.5人以上の事業主は、毎年6月1日現在の障害者の雇用に関する状況（障害者雇用状況報告）をハローワークに報告する義務があります。毎年5月下旬ごろには報告用紙が郵送されてくるので、対応を怠らないようにしましょう。

2-10 ミドルステージに必要な労務管理③ 育児休業・介護休業の本格的な運用

育児・介護に伴う休業の希望者が出てくる

　従業員が50人以上ともなれば、年齢層にも幅が出てきますし、独身者もいれば既婚者もいたり、外国籍の社員が出てきたり、これまで中途採用者のみだったのが新卒採用を始めたりと、さまざまなバックグラウンドを持つ社員が集まります。

　たとえば、創業期に入社した女性社員が妊娠し、初の育児休業を迎えるというようなことも、この時期になると生じることが多いように思います。

　初めて育児休業者が出るといった場合に、具体的になにをすべきかわからないということが多いと思います。そこで、まずは、休業対応の大前提として以下のチェックポイントを確認するようにしましょう。

□ 育児・介護休業規程の作成は終わっていますか？
　⇒育児・介護休業規程は、就業規則と一緒に作成しなければならない規程の1つです。もし作成していない場合は、早急に作成する必要があります。

□ 育児・介護休業の労使協定は締結していますか？
　⇒育児・介護休業については、労使協定があれば、入社1年未満の社員や、週の所定労働日数が2日以下の社員などを対象から除外できるなどの例外規定があります。

□ 育児・介護休業規程には法改正が反映されていますか？
　⇒労働者の育児・介護休業の権利などを規定する育児・介護

休業法は、近年でも改正を繰り返しており、数年前につくったものだと、規程内容が古くなっている可能性があります。

改正内容を確認しておこう

　育児・介護休業法は、最近だと2017年に２回改正されています。その改正内容としては以下のとおりです。

【2017年１月の改正】
● 看護休暇・介護休暇の半日単位での付与の義務づけ
● 介護休業の３回を上限として分割取得可能に
● ハラスメント防止措置の義務化

【2017年10月の改正】
● 育児休業期間を最長２歳まで延長可能に
● 育児休業制度等の個別周知の努力義務化
● 育児目的休暇制度の努力義務化

　すでに育児・介護休業規程があるという場合には、上記などの法改正が反映されているかどうか確認しておきましょう。

　なお、厚生労働省から育児・介護休業のポイントをまとめたパンフレット「育児・介護休業制度ガイドブック」が発行されています（https://www.mhlw.go.jp/bunya/koyoukintou/pamphlet/pdf/ikuji_h27_12.pdf）。特に、そのなかにある「育児・介護休業規定のチェックリスト」などは、育児・介護休業制度を理解するうえで役に立つので、一読しておくとよいかもしれません。

2-11

ミドルステージに必要な労務管理④
労働基準監督署の調査

労働基準監督署とはどういうところ？

　従業員が50名程度にもなれば、**労働基準監督署の調査**が入ってもおかしくない時期にさしかかります。

　「労働基準監督署」とは、労働基準法等に関する各種届出の受付や相談対応、監督指導を行なう厚生労働省の一機関のことです。

　労働基準監督署というと、「なんだかよくわからないけれど、労働者が会社について訴える機関」「会社にいきなり調査が来るらしい」といった認識はされているものの、その実態についてはあまり知られていないように思います。

　労働基準監督署が、大企業だけでなく中小・ベンチャー企業についても調査に入ることは珍しいことではありません。

　この労働基準監督署の調査には、法令で権限が付与されていることから、調査を拒否することは原則としてできません。

　そこで、いざ労働基準監督署の調査があった場合に備えて、基本的な知識だけでも理解しておきたいところです。

労働基準監督署の調査（臨検）とは

　労働基準監督署（労基署）では、企業が労働基準法や労働安全衛生法等の法律に則った運営がなされているかどうかを確認するために、企業への調査を行なっており、この調査は「**臨検監督**」（通称「**臨検**」）と呼ばれています。この臨検には、大きく分けて「定期監督」「申告監督」「災害時監督」という3種類があります。

①定期監督

　労基署が毎年度計画した基準にもとづいて対象となる事業所を選

択して実施されます。

どのような基準で調査対象となる企業を選定するかは、厚生労働省から毎年4月に公開される「地方労働行政運営方針」でも明示されています。たとえば、平成30年度では、「働き方改革を推進し、事業場における法定労働条件の確保・改善を図っていくため、(中略)長時間労働の抑制および過重労働による 健康障害の防止を重点とした監督指導を行なう」などとされています。

②申告監督

労働者から労基署へ申告があり、その申告事項が実際に行なわれているかどうかを確認するために行なわれます。

③災害時監督

大きな労働災害が発生したときに行なわれ、労災の原因を究明し、再発防止を目的とした監督です。

臨検が行なわれる流れ

労基署の臨検は、次の手順で行なわれます。

①企業への訪問

臨検は、**予告なしで行なうことが可能**とされているため、いきなり労基署の監督官が企業にやってくることもあり得ます。

しかし多くの場合、いきなり企業のインターフォンを鳴らしてやってくるというよりは、電話や書面が送られてくるなどして、臨検が行なわれる旨が事前通知されることが多くなっています。

臨検にあたっては、出勤簿や賃金台帳といった法定帳簿の用意が必要であり、事前に臨検の通知とともに、「これらの書類を用意するように」といったことを通知しておくほうがスムーズな臨検が可能という役所側の事情も手伝って、いきなり企業を訪問することは少ないように思います。

なお、一般的な臨検で提出が必要とされる書類は、以下のようなものが多くなっています。

- ●会社組織図　●労働者名簿　●雇用契約書　●賃金台帳
- ●タイムカード　●時間外・休日労働に関する協定（３６協定）
- ●健康診断個人票　など

---

②**臨検当日（是正勧告）**

臨検当日は、ヒアリングや法定帳簿の確認等が行なわれ、各種法令に違反していないかが、労基署によって調査されます。

当然ですが、法定帳簿を偽装したりすることは労働基準法によって罰せられるので、ありのままのものを提示することになり、真摯に対応することが求められます。

そして調査の結果、法違反や改善すべき事項があった場合は、**文書指導**が行なわれます。文書指導には、大きく分けて「是正勧告」と「改善指導」があります。

【是正勧告】

「是正勧告」は、明確な法違反が見つかったときに行なわれるもので、事業主宛てに「**是正勧告書**」が発行されます。

是正勧告書には、法違反した条項とその詳細、是正期日が明記されているので、是正期日までに法違反の内容を改善し、「**是正報告書**」を労基署へ提出しなければなりません。

【改善指導】

「改善指導」は、法違反ではないが、改善するべき事項がある場合に対して行なわれます。是正勧告では是正勧告書でしたが、改善指導の場合は「**指導票**」というものを受け取ることになります。

指導票も、是正勧告書と同じく改善すべき事項と改善期日が明記

されているので、「改善報告書」を作成して労基署へ提出しなければなりません。

是正勧告も改善指導についても、是正期日は明記されていますが、どうしてもその是正期日に間に合わないといった場合には、監督官にその事情を説明し、是正期限などを延長してもらうといった対応もないわけではありません。顧問社労士などと相談し、適切な事後対応を行なう必要があるでしょう。

③臨検後

臨検後に是正・改善が確認された場合は、臨検の指導は終了となりますが、未払い賃金等の大きな違反が認められる場合は、改善に数か月以上かかるということもあります。

また、是正が確認されない場合や再度の臨検の実施で、重大・悪質な事案が残っていたときは、最悪の場合、送検されてしまうので、労基署の指導には真摯に向き合うことが必要となります。

臨検での指導事項とは

臨検で指摘される法違反で多いものとしては、「時間外・休日労働に関する協定（３６協定）を締結していない、または協定で定めた以上の時間外労働をさせている」「割増賃金等の未払い」があります。

また、実務上よくあるのが、開業当初に３６協定を締結・届出をしていたが、更新とその届出を忘れているというケースです。

３６協定は一度結んだら終わりというものではなく、通常１年の有効期間中のみ効力があるものなので、人事労務担当者は有効期限の管理に注意し、更新手続きを忘れないようにしましょう。

また、これ以外にも労働条件の明示を行なっていない、就業規則を作成していない、定期健康診断を行なっていないといった違反もよくみられます。

2-12 IPO準備期に必要な労務管理①　関連書類の整備・保管

人事労務関連書類の整備・保管状況は？

　従業員が100人を超え、いよいよ上場の準備に入る場合は、いままで行なってきた労務管理の総チェックが必要になります。

　IPOを行なうにあたって、労務管理について審査される項目は、いったいどのようなものがあるのか——この項以降では、この点について説明していきます。

　まずは、労働基準法上、作成が必要である書類が、適切に整備・保管されているかが審査されます。

　上場するにあたっては、法令に則った企業運営が求められることから、法令上必要な書類の整備・保管が適切になされていることは、当然にクリアされていなければならない課題です。

　労働基準法上必要となる主な人事労務関連の書類は下表のとおりです。これらの労働関係に関する重要な書類については、**3年間の保存**が義務づけられています。

#	必要書類	整備時期	書類の内容など
1	労働者名簿	労働者1名から	①氏名、②生年月日、③性別、④住所、⑤業務の種類、⑥社内の異動・昇進等の履歴、⑦雇用年月日、⑧退職年月日・退職事由、⑨死亡年月日・原因、の9項目の記載が必要
2	賃金台帳	労働者1名から	①氏名、②性別、③賃金計算期間、④労働日数、⑤労働時間数、⑥時間外労働時間数、⑦深夜労働時間数、

			⑧休日労働時間数、⑨基本給や手当などの種類と金額、⑩控除の項目と金額、の10項目の記載が必要
3	出勤簿	労働者1名から	法令上、明確には決まっていないが、賃金台帳を作成するうえで必要な、労働時間、休日・深夜・時間外労働数の項目が必要
4	労働条件通知書	労働者1名から	労働契約における労働条件を明示した書類
5	36協定（時間外・休日労働のための労使協定）	労働者1名から（時間外労働・休日労働をさせる場合）	法定労働時間（1日8時間・1週40時間）を超えて労働させる場合や、休日労働をさせる場合には、書面での協定が必要
6	就業規則	労働者10名から	労働者の就業上遵守すべき規律・労働条件に関する事項を定めたもの。絶対的必要記載事項と相対的必要記載事項の記載が必要

書類の保管は紙の文書でなくてもよいか

　ベンチャー企業の経営者や人事の担当者からは、「これらの労働基準法上必要な書類は、データやクラウドソフト上で保管していることでもいいのですか？」という質問をよくいただきます。

　労働者名簿、賃金台帳、出勤簿はまとめて**「法定3帳簿」**といいますが、これらについては労働基準監督署等から提出を求められた際に、すぐ表示、印刷できるのであれば、エクセル等のデータやオンライン上で保管していても問題はありません。

　また、労働条件通知書も法改正により、2019年4月からは電子データでの明示が可能になりました。それまでは、書面による明示が必要でしたが、これもデータでよくなったため、労働条件通知書の

クラウド管理なども可能になりました。

　一方で、３６協定は書面による締結がいまだに必要です（届出については、e-Govの電子申請を利用すればオンラインでも可能です）。
　就業規則については、データで作成し、そのデータを事業所内で周知することでも問題はありません。
　なお、労働基準法には、就業規則を労働基準監督署に届け出る際には、書面で意見書を添付しなければならない（届出は電子申請を利用すればオンラインで可能です）と規定されているのですが、筆者が2018年11月末時点で渋谷労働基準監督署に確認したところでは、すべてがオンラインで完結しており、従業員代表の印が電子署名等であって紙媒体の意見書でなくとも受理は可能、ということでした。
　したがって、昨今、導入企業が増えているクラウド契約書管理システムを利用した意見書なども可能ということになります。

2-13

IPO準備期に必要な労務管理②
社会保険・雇用保険の加入状況

社会保険の加入要件

　IPOを行なうに際しては、社会保険や労働保険の加入漏れがないかについても審査されます。

　まず社会保険については、正社員のほか、労働時間や労働日数が正社員の4分の3以上のパートタイマー等も加入させなければなりません。

　多くの場合、正社員の労働時間は週40時間なので、週に30時間以上働くパートタイマー等も社会保険の加入対象となることになります。

　また、2016年10月より、以下の5つの条件に当てはまる場合には、正社員の4分の3未満の労働時間でも、社会保険に加入させなければならなくなりました。

---

①週の所定労働時間が20時間以上
②賃金が月8万8,000円以上であること
③1年以上使用されることが見込まれること
④従業員501名以上の勤務先で働いていること
⑤学生でないこと
　（※）定時制や通信制の学生の場合は除く。

雇用保険の加入要件

　雇用保険については、正社員、契約社員、パート、アルバイト等の雇用形態を問わず、以下に該当する場合には加入の対象となりま

す。

> ● 週の所定労働時間が20時間以上であること
> ● 31日以上継続して雇用が見込まれること

　ベンチャー企業では、大学生をアルバイトとして雇用しているケースが多いのですが、こうした大学生であっても、週に30時間以上働いている場合は、社会保険に加入させる必要があります。
　一方、雇用保険については、昼間に大学に通っている学生の場合には対象外となるので、加入させる必要はありません。
　ただし、夜間学生の場合には、加入要件を満たしていれば雇用保険に加入させる必要があります。

　なお、これら社会保険・雇用保険の未加入者がいた場合、最大で時効の日より2年間さかのぼって保険料を支払う必要があるので、注意が必要です。

2-14

IPO準備期に必要な労務管理③
未払い賃金の確認

📋 未払い賃金が発生していないか

　IPOを行なうに際して、「未払い賃金」については、より厳しく審査されます。

　賃金債権の時効は2年間となっており、上場審査時点で改善されていたとしても、過去2年分さかのぼった状況がチェックされ、もし未払い賃金があるような場合には、過去2年分まで精算が求められます。

　上場審査時に、慌てて未払い賃金の精算を行なうことがないように、**上場準備に入る前に**、未払い賃金が発生しないような労務管理体制を構築しておく必要があります。

　未払い賃金の発生を防ぐためには、以下の点についてチェックしておきましょう。

☑ 時間外手当の計算方法

　時間外手当を算出する際に、時間外手当の算出基礎に算入する賃金の範囲を間違えているケースが多くあります。

　時間外手当の単価は、一般的に次の算式で算出します。

時間外手当の単価＝月給÷年間平均月所定労働時間×1.25

　この計算式の「月給」には、法令上、次のもの以外はすべて含める必要があります。

---

①家族手当
②通勤手当

③別居手当
　　④子女教育手当
　　⑤住宅手当
　　⑥臨時に支払われた賃金
　　⑦1か月を超える期間ごとに支払われる賃金

　たとえば、時間外手当の単価を求める際の月給に、役職手当を含めていなかった場合などでは、時間外手当の単価を本来より低く計算してしまっていることになり、未払い賃金が発生していることがあります。

☑固定残業代の取扱い

　あらかじめ月40時間分の時間外手当を含めて給与を支給しているといったような、いわゆる「**固定残業代**」制度を導入している会社は少なくありません。

　この固定残業代をめぐっては、誤った運用をしている場合が多く見受けられます。

　たとえば、あらかじめ月40時間分の時間外手当を固定残業代として支給するとしている場合には、この40時間分を超える時間外労働が発生した場合、**超えた分については追加で時間外手当を支給**する必要があることに留意しなければなりません。

　また、固定残業代制度の取扱いで重要な点として、通常の労働時間の賃金に当たる部分と、時間外の割増賃金に当たる部分とを**明確に区分**できるようになっていなければ、そもそも固定残業代としては有効になりません。

　すでに、固定残業代制度を導入している場合には、労働条件通知書や給与規程によって、通常の労働時間の賃金に当たる部分と時間外の割増賃金に当たる部分とが明確に区分されているかどうか確認しましょう。

☑ 管理監督者の定義

労働基準法では、「**監督もしくは管理の地位にある者**」（通称「**管理監督者**」）については、時間外労働、休日労働、休憩などの適用対象から除外しています（深夜労働については適用対象）。

そのため、労働基準法上の管理監督者に該当する場合には、時間外労働や休日労働を行なったときでも、残業代は不要となります。

この労働基準法の定めを誤解して、「管理職には残業代は支給しない」という運用を行なっているケースがあります。

しかし、実は「労働基準法上の管理監督者」と「会社内の管理職」とはイコールではありません。

労働基準法上の管理監督者とは、以下のような条件を満たす者でなければなりません。

> ①経営者と一体的な立場で仕事をしている
> ②出社、退社や勤務時間について厳格な制限を受けていない
> ③地位にふさわしい待遇がなされている

これらの条件を簡単にまとめれば、「多くの事案について決裁権があり、出退勤の時間も自己の裁量で決定でき、給与額も一般社員と比べて高額」な社員でなければ、労働基準法上の管理監督者ではないのです。

ベンチャー企業では、社員の多くに「○○マネージャー」「○○ディレクター」のような肩書を付与していることが多いのですが、こうした自社内の（組織上の）管理職と労働基準法上の管理監督者とを混同しないように注意することが必要です。

なお、国の通達（昭和52年2月28日／基発104号の2）において、銀行における管理監督者の範囲が明示されているのですが、支店長クラスは管理監督者と定義されています。

明確な基準はありませんが、残業代の支給が必要ない管理監督者の人数は、社内において従業員人数の10％程度にとどめておくこと

がよいと考えています。

　以上のように、未払い賃金が発生する機会は多く存在することがおわかりいただけると思います。
　上場準備にあたっては、このような点を中心にチェックを行ない、未払い賃金が発生しない労務管理体制を構築しましょう。

PART 3
ベンチャー企業の労務管理ケーススタディ

> どんな点に
> 注意したらいいの？
> 早わかりQ＆A

3-1

採用に関するQ&A①
ビジネスSNSを利用した採用の注意点は？

Q 当社では、転職希望者が多く利用するいわゆる「ビジネスSNS」を利用しており、弊社に興味をもっている採用候補者に対して「まずは、会社の雰囲気を気軽に見にきませんか？」というようなダイレクトメッセージを送り、企業訪問に来てもらうことで採用候補者とのマッチングを図っています。

このようなビジネスSNSを利用した採用活動の際に、労務管理上、注意しなければならない点はありますか？

A 企業訪問と採用面接の境界線を設け、採用面接の前には募集ポジションに関する労働条件の明示を行なう必要があります。

職業紹介にはあたらない

昨今、ビジネスに特化したSNSを利用した採用活動を行なっている企業が多くみられます。

こうした「ビジネスSNS」は、旧来の「求人情報をインターネットに掲載し、求職者と、人材を募集している企業との雇用関係の成立をあっせんするサービス」とは異なる形態として、企業の求人情報を載せたサイトやアプリケーションを展開しています。

この点について補足すると、旧来の「求職者と求人企業の雇用成立をあっせんするサービス」は、職業安定法上の**職業紹介事業者**にあたります。

しかし、ビジネスSNSは「職業紹介」ではなく、「企業の求人広告を載せたプラットフォーム」という立ち位置となっています。

そのため、こうしたビジネスSNSには、募集ポジションは載せていても、賃金や労働時間などの詳細な労働条件については載せず、自社の理念や経営方針、ビジネス概要、社風のみをメインに掲載するというような通常の職業紹介とは異なる求人募集の文面となっている場合があります。

採用面接なのか、企業訪問なのか？

質問にある企業のように、より多くの採用候補者との接点を増やすことを目的として、こうしたビジネスSNSを利用している企業も多いようです。

また、求人のために企業が通常の職業紹介サービスを利用した場合、一般に「あっせん手数料」として職業紹介事業者に採用者の年収の30％程度を支払う必要がある場合が多いようです。

こうしたビジネスSNSは、非常に低価格で利用できることが多く、ベンチャー企業を中心に採用の一環として利用する企業が多くなっているようです。

このようなビジネスSNSを利用する場合、「採用面接なのか、企業訪問なのか」という境界が曖昧になる傾向があります。

企業訪問については、もちろん法規制などはありませんが、「採用」については**職業安定法の規制**があります。

たとえば職業安定法では、労働者となる者を募集しようとする場合には、以下の労働条件について書面の交付（求職者が希望する場合は電子メールでも可）により明示する必要があります。

①業務内容
②契約期間
③就業場所
④就業時間

⑤休憩時間
⑥休　日
⑦加入保険
⑧試用期間
⑨時間外労働（裁量労働制を採用している場合はその記載）
⑩賃金月給（固定残業代を採用する場合はその記載）
⑪募集者の氏名または名称、派遣労働者として雇用する場合はその旨

（※）2018年1月1日から職業安定法が改正され、当初明示した労働条件が変更される場合には、変更内容についても再度明示する義務が新設されました。

採用選考に入る前か後かの境界を明確に

　ビジネスSNSを利用して、まずは会社の雰囲気を見に来たという求職者については、企業訪問時点では上記のような労働条件の明示は不要ですが、実際に書類選考や一次面接といった採用面接の過程に入る場合には、上記の募集条件を書面で明示またはメール送付する等の対応が必要となります。

　ビジネスSNSを利用する場合には、採用選考プロセスに入る前と入った後の境界線が曖昧にならないような運用（あらかじめ採用選考プロセスではないということを伝えておくなど）を構築し、実際に採用選考プロセスに入った場合には、労働条件の明示など職業安定法に沿った運用をしていくことを忘れないようにしましょう。

3-2
採用に関するQ＆A②
副業社員を雇う場合の社会保険等の注意点は？

> **Q** 当社では、他社で社員として働いている人を「副業社員」として採用することになりました。副業している社員の社会保険・労働保険の取扱いなど労務管理上、気をつけるべきことはありますか？
>
> **A** 副業の形態によって、労働基準法や社会保険の適用などは異なります。特に、他社でも雇用されている人の場合には、労働時間の通算や社会保険・労災保険の適用などに注意が必要です。

🏢 ベンチャー企業は副業への関心が高いが…

「副業」については、58ページで説明しましたが、働き方改革に関連して厚生労働省は副業の普及・促進を図るとしています。

これまで固定的な雇用管理を行なってきた大企業でも、社員に副業を認める企業が出てきています。

また、これまで雇用市場に流出することの少なかった能力の高い優秀な社員を、ベンチャー企業や中小企業においても副業として活用できることになり、特にベンチャー企業は副業に対する関心が高い傾向にあります。

このような副業を導入するにあたっては、注意しなければならない点がいくつかあります。

どんな形態の副業なのか

　一つポイントとなるのが、副業といってもさまざまな形があり、自社に雇用されつつ、他社に雇用される形も認める「**自社雇用・他社雇用型**」なのか、自社に雇用されつつフリーランス・個人事業主として他社の業務を請け負うような「**自社雇用・フリーランス型**」なのかによって、労務管理のしかたはまったく異なってくるということです。

　実のところ、この点をあまりよく考えず曖昧にして、「副業可！」とうたっている企業が多いように感じます。

　しかし、現行の労働法制では、「すでに雇用している自社の社員が2社以上の企業で労働基準法が適用される労働者となる場合」、つまり「自社雇用・フリーランス型」ではなく、「自社雇用・他社雇用型」である場合、企業にとってはリスクのある制度になっているのです。

自社雇用・他社雇用型の副業の問題点

①労働時間の通算による割増賃金の発生

　労働基準法では、労働時間は会社が異なっている場合でも通算すると規定されており、労働時間を通算した結果、1日8時間・週40時間の法定労働時間を超えて労働させる場合には、自社で発生した時間外労働について割増賃金を支払わなければならないとされています。

　つまり、自社（A社とする）で雇用している労働者Xさんが8時間働いたのち、副業先のB社で2時間勤務した場合、B社は、2時間しか働かせていないのにも関わらず、Xさんに2時間分の割増賃金を支払う必要があるのです。

　この場合は、B社に支払い義務があるので、A社には関係ないかもしれませんが、このXさんが先にB社で働いたのちにA社に出勤した場合には、A社に割増賃金の支払い義務が生じてしまいます。

②労災保険の給付額

　労災保険についても、上記のＸさんがもしＢ社で勤務している最中にケガなどをした場合、労災保険からの給付はＢ社で支払われている給与分のみが算定基礎とされるため、非常に低額な休業給付となる可能性があります。Ａ社とＢ社の給与を合算した額をもとにして補償されるわけではないことに注意が必要です。

　この点についても、もしＸさんがＢ社でケガをした場合に、経済的に生活が立ち行かなくなってしまったら、主な雇用先であるＡ社としては、何らかのサポートをせざるを得なくなるかもしれません。

　また、そもそもこの労災保険のしくみをＸさんが知らない可能性もあります。会社としては、副業する社員に対して、労災保険の補償のしくみについて周知しておくほうが余計なトラブルにはならないでしょう。

③社会保険の適用

　厚生年金保険と健康保険については、勤務している事業所ごとに適用されるかどうかが判断されます。

　つまり、たとえば複数の勤務先で働くＸさんのような人が、短時間ずつ複数の会社で雇用される場合は、いずれの事業所においても社会保険の適用条件を満たさない可能性がでてきます。

　そこで、社会保険は複数社での労働時間を合算するというしくみではないため、複数社で短時間ずつ働くということになった場合には、会社の社会保険に加入できなくなる可能性があることを、Ｘさんのような人に周知しておくほうが、余計なトラブルにはならないといえるでしょう。

④会社の安全配慮義務

　会社には、労働契約法によって、従業員が生命、身体等の安全を確保しつつ労働することができるよう、必要な配慮をするという義務があります。これを「**安全配慮義務**」といいます。

たとえば、上記のXさんがB社で勤務している結果として、過労状態となっている場合において、A社においてはどのように安全配慮義務を履行していくのか、ということは難しいところですし、これはB社にとっても同じ懸念事項となります。
　もし、適切にXさんの安全配慮義務をそれぞれの会社が果たそうとする場合は、A社からB社に労働時間の状況について報告をする必要が出てきますし、逆もまた然りです。

　政府は、副業・兼業を推進していくとしていますが、このような現行の労働法制を踏まえ、企業としてどこまでの副業を認めるのかについては、慎重に検討することが必要です。
　導入するにしても、現時点では、労働法制の対象外となる自営業型の副業形態である「自社雇用・フリーランス型」から導入して、段階的に「自社雇用・他社雇用型」への移行を検討していくということのほうが、副業社員の採用を導入するハードルは低いと考えます。

3-3

採用に関するQ&A③
外国人の雇用では何に気をつければよい？

> **Q** 当社では、国内の大学を卒業した優秀な外国人をエンジニアとして採用することになりました。外国人を雇用する際の労務管理上のポイントを教えてください。
>
> **A** 外国人の雇用には、独自の義務などもあります。在留資格の確認や外国人雇用状況届出制度などに、忘れずに対応しましょう。また、一方で労働基準法などの労働法は外国人でも当然に適用されます。さらに、社会保険については日本人と同様に、条件を満たした場合には加入が必要です。

人手不足解消のためにも外国人を雇用

　ベンチャー企業では、優秀な外国人の社員を採用し、大企業に負けず劣らずの多国籍なオフィス環境となっているところが多く存在します。

　弊社の顧問先のベンチャー企業においても、外国人がエンジニアとして活躍しているケースなど多く見られます。

　また、社会的にも、企業の人手不足が深刻となっており、日本人だけではなく外国人の雇用を積極的に行なっていこうという動きは全国的に高まっています。

　私自身、楽天に在籍中は多くの優秀な外国人と一緒に働いていた経験がありますが、**ベンチャー企業と外国人の雇用は相性がよい**と考えています。

　むしろ、大企業よりもベンチャー企業のほうが外国人雇用のハー

ドルは低いものと考えています。

ベンチャー企業と外国人雇用の相性がよい理由

①異文化を受け入れる組織の柔軟性が高いから

外国人を雇用するにあたっては、もちろんそれぞれの出身国によって文化や慣習が異なります。そのため、組織として異文化を受け入れる柔軟性というものが必要です。

ベンチャー企業では、積極的に新しいものを受け入れる風土がすでに醸成されている場合が多く、外国人を柔軟に受け入れられるという環境が、保守的な大企業よりも整っていることが多いように感じています。

②仕事のユニークさ、個々人の裁量が大きいから

外国人の雇用については、「せっかく雇ってもすぐに辞めてしまう」という悩みを、企業規模を問わず聞かれますが、外国人の定着率を上げる際のポイントとして、**仕事自体の面白さ**ということが非常に重要だと考えています。

ベンチャー企業では、AI（人工知能）や画像認識技術など最先端の技術に取り組むようなところや、ビジネスモデル自体がユニークなものなど、「ここでしかできない仕事」を提供することが可能な企業が多く、また大企業と異なり、権限や裁量も外国人に大きく持たせてあげることも可能です。

日本よりも流動的な雇用環境で働いている外国人については、転職に対して積極的であるため、少しでもその会社と合わない場合には、すぐに辞めてしまうことも多いのですが、こうした仕事自体に魅力があるというのは、大きな強みになるのではないでしょうか。

③職務や成果に応じた賃金体系となっているから

大企業の場合、年齢とともに少しずつ給与が上がっていくいわゆる年功序列賃金制度を導入しているところが現在でも多く、こうし

た年功序列賃金制度の場合、賃金額というのは「仕事の内容」によって変わるというよりは、「会社の在籍年数」に左右されるというところがあります。

年功序列賃金は、多くの場合、外国人にとって不可解なものとしてとらえられることが多く、自分の仕事や成果が給与額に反映されていないとして、納得できずにすぐに辞めていくということが起こり得ます。

ベンチャー企業の場合、年功序列賃金などを導入しているケースはほとんどなく、多くの場合、仕事の成果や職務によって給与に反映されるしくみが整っていると思います。

これらの理由から、外国人の雇用はベンチャー企業こそ積極的に導入してみるとよいのではないかと考えています。

外国人の雇用と労務管理上の注意点

実際に外国人を雇用することになった場合に、労務管理上注意しなければならない点を確認しておきましょう。

①在留資格の確認

外国人は、出入国管理及び難民認定法（入管法）で定められている「**在留資格**」の範囲内において、日本での活動が認められています。

したがって、外国人を雇用する場合には、これらの就労可能な在留資格を持っているかということを、人事担当者が確認する必要があります。

就労資格がないにも関わらず就労している場合には、「不法就労」になってしまいます。また、資格外活動許可が必要であるにも関わらず、それを受けていない場合にも「不法就労」になってしまいます。

入管法には、「**不法就労助長罪**」というものがあり（入管法73条

の2)、不法就労させたり、不法就労をあっせんした者は、3年以下の懲役および300万円以下の罰金に処せられます。

不法就労助長罪は、不法就労した本人だけではなく不法就労させた企業側も罰せられてしまうので、注意が必要です。

通常、故意に在留資格を偽装したりというようなことを企業が行なうことは一般的にはないと思いますが、怖いのが**「在留資格を確認していない」**ケースです。

在留カードによって在留資格を確認していれば、たとえその外国人が不法就労者であったとしても、企業側に過失はないとされますが、在留資格の確認を怠っていた場合には、企業に過失があり、不法就労助長罪に該当してしまいます。

そのため、外国人を雇う際には、**在留カードを確認する**ことを絶対に忘れないようにしてください。

私がおすすめしているのは、就業規則等に以下のような文言を入れておくことです。就業規則に明記しておけば、人事担当者が交代したりしても確認を忘れることはありませんし、就業規則がより実務的なものになります。

就業規則の規定例

(入社提出書類)

第○条　外国籍の者については、入国管理法上必要な在留資格、在留期間、国籍等を確認するために「在留カード」または「パスポート」を提示しなければならない。

なお、法務省入国管理局のホームページに掲載されている「外国人を雇用する事業主の皆様へ～不法就労防止にご協力ください。」を参考にするとよいでしょう。

②労働関係法令の適用と社会保険への加入

　勘違いしている人もいるのですが、日本国内で就労する外国人については、国籍を問わず労働基準法、最低賃金法、労働安全衛生法、労働者災害補償保険法（労災保険法）等の**労働関係法令が適用**されます。

　また、労働基準法において、国籍によって労働条件を差別することは禁止されています。

　具体的な例をあげれば、たとえば、日本よりも賃金水準の低いベトナム出身の社員について、日本人社員よりも給与水準を低く設定している、といったケースは、まさに国籍による労働条件の差別に該当します。

　また、社会保険や雇用保険については、原則として、国籍を問わず日本人と同様の条件を満たした場合には、**被保険者として取り扱う**こととしています。そのため、外国人だから社会保険に加入させなくてもよい、というような取扱いをしてはいけません。日本人と同様に、加入条件を検討したうえで加入か否かの判断をしてください。

　さらに実務上、外国人が「どうせ年金の受給資格期間（10年）を満たさないから、厚生年金保険には加入したくない（保険料を負担したくない）」というようなことを会社に要求してくるという話をよく耳にします。

　会社としては加入させたいが、従業員側が拒否するケースです。

　社会保険に6か月以上加入した外国人については、「**脱退一時金制度**」という払い込んだ保険料を一定程度還付される制度があるので、外国人の従業員側が社会保険の加入を拒んだ場合には、本制度について説明して、納得してもらうほかありません。

③**外国人労働者雇用労務責任者の選任**

　外国人労働者を常時10人以上雇用するときは、「**外国人労働者雇**

用労務責任者」を選任する必要があります。

　この外国人労働者雇用労務責任者は、外国人労働者の雇用や労働条件等に関する事項についての管理や、関係行政機関との連絡など、外国人労働者の雇用や労務管理を担当することを職務とします。

　原則として、人事課長、労務課長など管理職のなかから選任することになります。

　外国人を10人以上雇用する場合には、忘れずに選任してください。

④外国人雇用状況届出制度

　雇用対策法という法律にもとづいて、外国人労働者（特別永住者を除く）を雇用した際や離職した際には、当該外国人労働者の氏名、在留資格、在留期間等について確認し、ハローワークに届け出ることが義務づけられています。

　この届出を怠ると、30万円以下の罰金が科されますので、漏れなく届け出るようにしましょう。

【外国人が雇用保険の被保険者の場合】

　雇用保険の「被保険者資格取得届」（様式第2号）または「資格喪失届」（様式第4号）に、在留資格、在留期限、国籍等を記載して、ハローワークに届け出てください（雇入れの場合は雇入れ日の翌月の10日までに、離職の場合は離職日の翌日から10日以内に届け出ます）。

【外国人が雇用保険の被保険者ではない場合】

　「外国人雇用状況届出書」（様式第3号）に、氏名、在留資格、在留期限、生年月日、性別、国籍等を記載して、ハローワークに届け出てください（雇入れ、離職の場合ともに翌月末日までに届け出ます）。

◎「雇用保険被保険者資格取得届」の様式◎

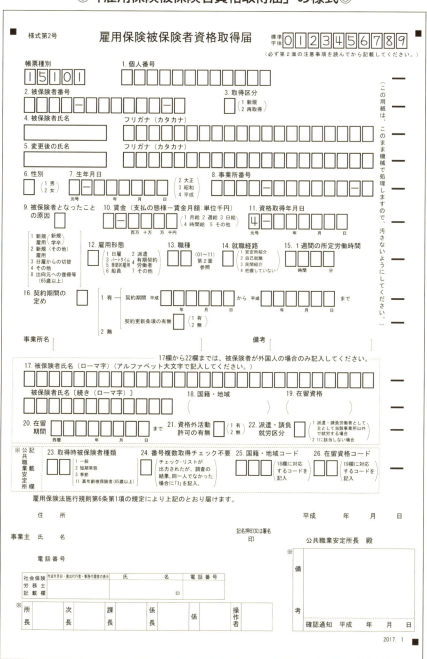

◎「雇用保険被保険者資格喪失届」の様式◎

様式第4号　（移行処理用）　**雇用保険被保険者** 資格喪失届 氏名変更届　標準字体 0 1 2 3 4 5 6 7 8 9

（必ず第２面の注意事項を読んでから記載してください。）

※ 帳票種別 1319 （0 氏名変更届 1 資格喪失届）

1. 個人番号

2. 被保険者番号

3. 事業所番号

4. 資格取得年月日 （3 昭和 4 平成） 元号 年 月 日

5. 離職等年月日 4- 元号 年 月 日

6. 喪失原因 （1 離職以外の理由 2 3以外の離職 3 事業主の都合による離職）

7. 離職票交付希望 （1 有 2 無）

8. １週間の所定労働時間 時間 分

9. 補充採用予定の有無 （空白 無 1 有）

10. 新氏名　フリガナ（カタカナ）

※公共職業安定所記載欄

11. 喪失時被保険者種類 （3 季節）

12. 国籍・地域コード （17欄に対応するコードを記入）

13. 在留資格コード （18欄に対応するコードを記入）

14欄から18欄までは、被保険者が外国人の場合のみ記入してください。

14. 被保険者氏名（ローマ字）または新氏名（ローマ字）（アルファベット大文字で記入してください。）

被保険者氏名（ローマ字）または新氏名（ローマ字）〔続き〕

15. 在留期間 西暦 年 月 日 まで

16. 派遣・請負就労区分 （1 派遣・請負労働者として主として当該事業所以外で就労していた場合 2 1に該当しない場合）

17. 国籍・地域

18. 在留資格

19. （フリガナ） 被保険者氏名		20. 性別 男・女	21. 生年月日 （大正 昭和 平成） 年 月 日
22. 被保険者の住所又は居所			
23. 事業所名称		24. 氏名変更年月日	平成 年 月 日
25. 被保険者でなくなったことの原因			

（この用紙は、このまま機械で処理しますので、汚さないようにしてください。）

雇用保険法施行規則第７条第１項・第14条第１項の規定により、上記のとおり届けます。

平成　年　月　日

事業主　住所

氏名　記名押印又は署名　印

電話番号

公共職業安定所長　殿

社会保険労務士記載欄	作成年月日・提出代行者・事務代理者の表示	氏名	電話番号
		印	

安定所備考欄

※ 所長	次長	課長	係長	係	操作者

確認通知年月日　平成　年　月　日

2016. 1

◎「外国人雇用状況届出書」の様式◎

(日本工業規格A列4)

様式第3号（第10条関係）（表面）

雇　入　れ
離　　　職　に係る外国人雇用状況届出書
平成19年10月1日時点で
現に雇い入れている者

フリガナ（カタカナ）	姓	名	ミドルネーム
①外国人の氏名 （ローマ字）			
②①の者の在留資格		③①の者の在留期間 （期限） （西暦）	年　　月　　日 まで
④①の者の生年月日 （西暦）	年　　月　　日	⑤①の者の性別	1 男　・　2 女
⑥①の者の国籍・地域		⑦①の者の資格外 活動許可の有無	1 有　・　2 無

雇入れ年月日 （西暦）	年　　月　　日	離職年月日 （西暦）	年　　月　　日
	年　　月　　日		年　　月　　日
	年　　月　　日		年　　月　　日

雇用対策法施行規則第10条第3項・整備省令附則第2条の規定により上記のとおり届けます。

平成　　年　　月　　日

事業主	事業所の名称、 所在地、電話番号等	雇入れ又は離職に係る事業所	雇用保険適用事業所番号
		（名称）	□□□□-□□□□□□-□
		（所在地）	①の者が主として左記以外 の事業所で就労する場合 □
		TEL	
		主たる事務所 （名称）	
		（所在地）	
		TEL	
	氏名		㊞

社会保険 労務士 記載欄	作成年月日・提出代行者・事務代理者の表示	氏名 ㊞	公共職業安定所長　殿

どんな点に注意したらいいの？　早わかりQ&A

3-4
労働時間に関するQ&A①
スーパーフレックスタイム制の注意点は？

> **Q** 当社では、社員に柔軟に働いてもらえるような環境を整備するために、労働時間も基本的に自由なものとしたいと考えています。他社では「スーパーフレックスタイム制」という制度を導入しているようですが、どのような制度なのでしょうか？
>
> **A** スーパーフレックスタイム制の定義については、法律に規定はなく、各社それぞれで運用しています。一般的には、「コアタイムなしのフレックスタイム制」や「所定労働日の欠勤を認めるフレックスタイム制」をスーパーフレックスタイム制と定義しているところが多いです。

🏢 フレックスタイム制とスーパーフレックスタイム制

　ベンチャー企業の社長や人事の担当者とお話していると、「柔軟な労働時間制を導入したい」という声を非常によくうかがいます。

　一般に、柔軟な労働時間制というと「**フレックスタイム制**」や「**裁量労働制**」を指すことが多いのですが、最近では「**スーパーフレックスタイム制**」という制度を導入している企業もあります。

　フレックスタイム制については、労働基準法に規定がありますが、スーパーフレックスタイム制は、労働基準法にその定義が規定されているような労働時間制度ではありません。

　フレックスタイム制の頭に「スーパー」がつくので、「普通のフレックスタイム制ではなく、それを超えたより柔軟なフレックスタ

イム制」というイメージで用いていることが多いのですが、法律にも特段その定義はないため、会社ごとに「スーパーフレックスタイム制」の定義は実はさまざまです。

そこで、一般にスーパーフレックスタイム制といった場合の定義としてよく知られている「コアタイムなしのフレックスタイム制」と「所定労働日の欠勤を認めるフレックスタイム制」の2つを紹介しておきましょう。

🏢 コアタイムなしのフレックスタイム制

通常のフレックスタイム制を導入する場合は、**コアタイムとフレキシブルタイム**というものを定めます。

コアタイムとは、「必ず出勤していなければならない時間帯」を指し、フレキシブルタイムは「自由に働く時間を決められる時間帯」を指します（64ページ参照）。

コアタイムを設けることで、会社は「従業員全員がそろう時間」をつくることができ、その時間帯を利用して必要なミーティングを行なったりするなど、会社として毎日必ず労働してほしい時間帯を設定することができます。

つまり、本来のフレックスタイム制の趣旨からすれば本末転倒ではありますが、コアタイムを長くすればするほど、従業員にとっては出退社を自由に決定できる時間帯が短くなるので、会社からすれば、従業員の労働時間をコントロールできる幅が広くなるわけです。

一方で、このコアタイム自体をなくすことで、従業員が出退社を自由に決定できるような制度として、これをスーパーフレックスタイム制と定義しているケースも多くあります。

【コアタイムなしのフレックスタイム制を導入する場合の注意点】
①**会議の設定に注意が必要**
コアタイムを設けない場合は、全員がオフィスにそろう時間を設けにくいというデメリットがあります。

フレックスタイム制は、始業・終業の時刻を従業員に任せる制度なので、「この時間は絶対に出社していてください」というような強制はできないものとされています。
　つまり、たとえば一定の時間に会議への出席を求めるのであれば、**本人の同意を得る必要があります**。
　また、ベンチャー企業では「毎週月曜の朝10時からは全社ミーティングの時間」としてコアタイムを設定している場合もあります。
　コアタイムについては、設ける日と設けない日があるものや、日によってコアタイムが異なるものとすることも可能なので、たとえば週1回、月曜の朝10時〜11時のみコアタイムとすることも可能なわけです。

②総労働時間の管理に注意
　コアタイムを設ける場合には、一定の労働時間は自動的に確保されることになります。
　たとえば、コアタイムを朝10時から14時と設定している場合は、自動的に4時間（休憩時間を考えない場合）は毎日、労働時間が確保されていることになります。
　これによって、総所定労働時間の半分は自動的に満たすことになるわけです。
　しかし、コアタイムがない場合には、大幅に総所定労働時間を満たさないといったことが生じないように、従業員個々の労働時間の自律的管理が必要になります。
　フレックスタイム制自体、自己管理が必要な制度ではありますが、コアタイムがないフレックスタイム制を導入する場合には、より一層の自己管理が必要になります。

所定労働日の欠勤を認めるフレックスタイム制

　本来、フレックスタイム制は「所定労働日の始業・終業時刻」を労働者の裁量によって自由に決定できる、とするものです。

したがって、所定労働日自体が自由になるわけではありません。言い換えれば、平日の月曜から金曜を所定労働日としている場合に、この所定労働日に出勤しないことになれば、「**欠勤**」になってしまいます。

フレックスタイム制は、日ごとに労働時間の過不足を見るのではなく、あらかじめ決められた期間（1か月等）における総労働時間を定めるという性質上、欠勤の場合でも、その一定期間の総所定労働時間を満たしている場合には賃金は控除されません。

しかし、「欠勤」という事実は残るので、人事考課などの際に、たとえば賞与額や昇給などに影響が生じることがあります。

そこで、この点をさらに柔軟にしたものが「**所定労働日の欠勤を認めるフレックスタイム制**」です。

つまり、コアタイムを設定せず、かつ出勤しない日があっても欠勤扱いにはしないという制度です。

このような制度の場合、たとえば月の総所定労働時間が160時間とした場合、ある月の月曜〜木曜まで10時間勤務すれば、4週間で160時間を満たすわけなので、金曜を休みにすることが可能になります。事実上、週休3日制にすることができるわけです。

このように、コアタイムをなくすだけでなく、所定労働日の欠勤を認めるフレックスタイム制を「スーパーフレックスタイム制」と定義づけている企業もあります。

【所定労働日の欠勤を認めるフレックスタイム制を導入する場合の注意点】
①あくまでも所定労働日は設ける

所定労働日の欠勤を認めるといっても、所定労働日自体を自由にするという制度は避けるべきです。

というのは、フレックスタイム制であっても、休日・深夜労働の割増賃金は必要になるため、たとえば休日に勤務することまで自由にしてしまうと、125〜135％の割増賃金の加算が必要になってしま

い、大幅にコスト増となってしまう可能性があるからです。

　所定労働日のなかで欠勤することは認めるが、所定労働日自体が自由になるわけではない、というような制度設計にとどめておくべきであると考えます。

②働きすぎに要注意

　所定労働日に休むことが可能になる場合、出勤した際に業務を詰め込んで1日15時間など働くようなことが予想されます。

　従業員が過重労働とならないように、極端な働き方をする者には指導をしていくなどの対処が必要となります。

安易な導入は控えましょう

　スーパーフレックスタイム制としてよくある制度設計を紹介しましたが、どのような労働時間制度が自社にマッチしているかは、実際に導入してみないとわからないことも多くあります。

　そのため、こうした柔軟な労働時間制を導入する場合には、**ある特定の部署から試験的に始める**ことや、**時限的な措置とする**など、小さな形から始めてみることも一案かと思います。

　特に、労働時間制度は賃金にも密接に関連しているので、未払い賃金などが発生することのないように、柔軟な労働時間制を導入する際には、専門家のアドバイスなども受けながら進めていくことをお勧めします。

3-5 労働時間に関するQ＆A②
クラウド会議サービスを利用する際の注意点は？

Q 当社では、チャット形式で連絡やWeb会議ができる「クラウド会議サービスツール」を利用しています。このチャットツールを利用して、就業時間外にも業務連絡事項を送ったり、休日にやり取りしているケースもあるようなのですが、これに要する時間は、労働時間として算入しなくてはならないのでしょうか？

A 就業時間外でも返信を義務づけたり、スマートフォンをONにしておくように指示している場合には、労働時間とみなされる可能性が高いです。

クラウド会議サービスツールの利用

　人事労務関連でもクラウドサービスが全盛となるなか、ベンチャー企業を中心に、チャット形式で業務連絡やWeb会議ができるChatworkやSlackといったクラウドソフトが多く利用されています。

　弊社でも、顧問先とのやり取りにこのようなチャット形式のクラウド会議サービスツールを利用しています。

　以前は、遠隔地にいる社員との会議などを行なう際には、高額なTV会議システムを導入せざるを得なかったのですが、現在では、こうしたチャット形式のクラウド会議サービスツールを利用して、グループ内の業務連絡や会議などを行なう企業が、特にベンチャー企業などを中心に多くなっています。

🏢 労働時間とみなされることに注意しよう

　こうしたチャット形式のクラウド会議サービスを利用する企業で注意しなければならないのは、業務連絡や会議を就業時間外に行なう場合です。

　判例上、労働時間とは、「**労働者が使用者の指揮命令下に置かれていると客観的に判断できる時間**」とされています。

　たとえば、就業時間中にグループ会議を設定し、それへの参加を強制する場合や、チャットツールで即応を求める場合、これらに要した時間は当然に労働時間となります。

　一方で就業時間外、たとえば休日にこうしたチャット形式のツールを利用して、上司から部下に業務に関するメッセージを送った場合はどうなるのでしょうか。

　この場合、部下に返信を義務づけたり、スマートフォンをONにしておくように指示している場合には、こうしたメッセージを送るために要した時間は、労働時間とみなされる可能性が高くなります。

　ちなみに、実際に裁判になった場合には、その業務連絡の内容や頻度等の実態を総合的に判断して、労働時間かそうでないかが判断されることになります。

　そこで、チャットツールを導入する際には、「**返信は休日や所定労働時間以外には不要**」とあらかじめ周知しておけば、業務連絡があったからといって、それが直ちに労働時間とみなされるリスクは少ないといえます。

　また、そもそも、**就業時間以外には使用しない**ということをルール化したほうが、労務リスクは低下します。

　気軽にメッセージが送れてしまうチャット形式であるからこそ、ぜひ気をつけておきたいことです。

3-6

給与に関するQ＆A①
年俸制を導入したときの残業代はどうなる？

> **Q** 当社は「年俸制」を導入したいと考えています。年俸制だと、残業代は支給しなくてよいのでしょうか？
>
> **A** 年俸制であっても、残業時間に応じた割増賃金の支払いは必要です。年俸に一定時間の「みなし残業代」を含む場合には、その旨がわかるように明記する必要があります。

🏢 年俸制とはどんな制度？

　企業の経営者や人事担当者とお話していると、特にベンチャー企業などでは、「年俸制ってどんなしくみ？」と興味をもっている人が多いように思います。

　「**年俸制**」というと、プロ野球選手のようにその年の成績によって翌年の年俸が大きく変わる、というイメージをもっている人もいるようです。

　しかし、企業に一般的に導入されている年俸制の実態は、そのような成績に応じて毎年著しく変動するようなものではありません。毎年の目標を設定して、年度末にその達成度を評価し、翌年の目標と年間の賃金を定めるという「**年単位の目標管理**」を「**賃金に反映させる**」というプロセス自体に、価値が置かれている制度として導入されているように感じます。

　通常の月給などの給与支払制度とは違う響きをもつ「年俸制」ですが、実はそのしくみを誤解している人がたくさんいらっしゃいます。

年俸制に関するよくある誤解

①年俸制だと、賃金を毎月支払う必要はない？

　年俸制という名前から、1年に1回、年間に支払う給与全額を支給する制度と勘違いしている人がいます。しかし、労働基準法には、賃金については「**毎月払いの原則**」というものがあります。

　そのため、たとえば年俸額600万円と決まっていたとしても、12分割して毎月50万円ずつ支払う必要があります。

　毎年、どこか一定のタイミングで全額または2回に分けて…といったような支給方法は認められていないので注意が必要です。

②年俸制だと割増賃金を支払う必要はない？

　年俸制というと、「1年に支給する金額ががっちり決まっている」という印象を与えるためか、割増賃金は不要というように誤解している人がけっこういます。

　しかし、**年俸制を導入していても割増賃金は必要**です。このことを誤解していると、未払い賃金の発生の原因となってしまうので注意が必要です。

【年俸制の形態ごとに必要な割増賃金の計算方法】

❶**賞与内包型**…たとえば、賞与を合算した金額を基本年俸とし、これを16等分して毎月支払うほか、年2回、16分の2ずつ賞与を支払う場合

　この場合は、年俸額を12分割したものを1か月の平均所定労働時間（賃金規程による）で除した金額に、125％などの割増率を乗じて、1時間あたりの割増賃金単価を算出し、時間外労働時間を乗じて算出された割増賃金額を支給する必要があります。

❷**賞与別途型**…たとえば、基本年俸は月例賃金を12倍したもののみとし、賞与は別に支給する場合

この場合は、月例賃金を１か月の所定労働時間（賃金規程による）で除した金額に125％などの割増率を乗じて、１時間あたりの割増賃金単価を算出し、時間外労働時間を乗じて算出された割増賃金額を支給する必要があります。

❸ハイブリッド型…たとえば、月例賃金を12倍したものに、基本賞与として100万円は必ず保証し、それとは別に業績に応じた賞与を支給する場合

　この場合は、「月例賃金×12」に基本賞与額100万円を加算した金額を12分割したものを、１か月の平均所定労働時間（賃金規程による）で除した金額に125％などの割増率を乗じて、１時間あたりの割増賃金単価を算出し、時間外労働時間を乗じて算出された割増賃金額を支給する必要があります。

　なお、上記❶〜❸のすべての場合において、もしあらかじめ月40時間分の割増賃金相当額を支給しておくという、いわゆる「**固定残業手当**」部分が含まれていることが明らかにされているのであれば、通常の賃金の場合と同様に、固定残業手当分を上回った分のみ割増賃金を支給することで問題はありません。

　この場合、労働条件通知書等において、固定残業手当部分とそれ以外が明確に区分されて記載されていることが必要です。

③**所定労働時間内に早退・欠勤した場合でも賃金控除できない？**

　年俸制に関するよくある誤解の３つめです。

　これも前述したように、年俸制というと「年額で支給する金額ががっちり決まっている」という印象があるせいか、欠勤控除や遅刻・早退時の賃金控除はできない、と誤解されている人が多くいます。

　しかし、年俸制を導入していたとしても、欠勤や遅刻・早退があって**労務の提供がないのであれば**、もちろん賃金控除は可能です。

賃金支払いの大原則として「**ノーワーク・ノーペイ**」という原則があります。

これは、労務の提供が労働者自身の意思によってなされない場合、賃金を支払う必要はないという原則です。

そしてこの原則によって、年俸制の場合でも、「労務の提供がなかったとしても、この年俸額を絶対に支払う」ということを特別に約束していない限りは、当然に賃金控除は可能となるわけです。

では、具体的に欠勤を例にして、賃金控除額はどのように計算するかという点を、先ほどの割増賃金の計算方法であげた類型ごとに説明しましょう。

【年俸制の形態ごとの賃金控除額の計算方法】

❶**賞与内包型**…賞与を合算した金額を基本年俸とし、これを16等分して毎月支払うほか、年2回、16分の2ずつ賞与を支払う場合

この場合は、すでに賞与部分も金額が確定しているため、賃金規程に定めがあれば、年俸額をベースにして年間所定労働日数（賃金規程による）などで除した額を1日分の単価として、賃金控除することが可能です。

❷**賞与別途型**…基本年俸は月例賃金を12倍したもののみとし、賞与は別に支給する場合

この場合は、賞与部分の金額が確定していないため、月例賃金部分のみをベースにして月所定労働日数（賃金規程による）などで除した額を1日分の単価として、賃金控除することになります。

❸**ハイブリッド型**…月例賃金を12倍したものに、基本賞与として100万円は必ず保証し、それとは別に業績に応じた賞与を支給する場合

この場合、賃金規程に定めがあれば、「月例賃金×12」だけでなく、すでに確定している基本賞与額100万円を加算したものをベー

スにして年間所定労働日数（賃金規程による）などで除した額を1日分の単価として、賃金控除することが可能です。

ただしいずれの場合も、**賃金規程を控除可能な規定**にしておく必要があるので、年俸制を導入する場合には、賃金規程の整備を慎重に行なう必要があります。

年俸制の導入で注意すべき点

年俸制を導入した場合、増額する分には何もトラブルは起きませんが、従業員の業務成績が悪ければ、翌年度は年俸額を減額させることになります。

その場合、プロ野球選手のように大幅減額をするということは、基本的には難しくなっています。

誤解している人が多いのですが、年俸制であっても、**賃金決定は労働者との合意が原則**であり、会社が一方的に決定するということはできません。

とはいえ、合意に至らない場合には、裁判例等で以下のような年俸制の運用に関する取り決めを詳細に定めてあり、その内容が公平・合理的であれば、会社が一方的に年俸額を決定することも可能とされています。

---

①年俸額決定のための成果・業績評価基準
②年俸額決定の手続き
③減額の限界の有無
④不服申立ての手続き

ベンチャー企業などでは、従業員の成果を賃金にダイレクトに反映させられるとして、年俸制に魅力を感じているところが多くなっています。

しかし、このように、年俸制で従業員の成果が上がらない場合に

減額を適切に行なうためには、合理的な評価基準が設計され、運用されている必要があります。

　また、いったん決定した年俸額については、**契約期間の途中における減額は、厳しく制限されている**ので注意が必要です。

3-7
給与に関するQ＆A②
デジタルマネーで支払うことは可能？

> **Q** 当社では、社員への給与を一部「仮想通貨」で支給するということを考えていますが、可能でしょうか。導入するには、どのような手続きが必要ですか？
>
> **A** 給与の支払いは、厳格なルールにもとづいて行なわれているため、現行法の下では、仮想通貨による支払いは、労働組合との労働協約の締結や、従業員代表との労使協定の締結が必要です。

仮想通貨による給与支給は可能か？

　いま、給与や報酬の一部をいわゆる「現金通貨」以外で支払うという取組みをしている企業が、先進的なＩＴベンチャー企業を中心に増えています。

　2018年には大手ＩＴ企業が、従業員の希望に応じて、給与の一部を仮想通貨で受け取ることができる制度を導入した、というニュースが話題になりました。

　デジタルマネーやキャッシュレス決済が浸透してきているなか、給与の支払いについても、従来の通貨以外で支払いたいという要望が出るのは、ある種当然の流れなのかもしれません。

　特に、感度の高いＩＴベンチャー企業では、デジタルマネーによる給与の支払いについては関心が高いところです。

給与をめぐる法律の規定は

そもそも、従業員に支払う給与というのは、労働者の生計の源ですから、労働基準法でさまざまな厳格なルールが定められています。

具体的には、「給与は、①通貨で、②直接労働者に、③その全額を、④毎月1回以上、⑤一定の期日を定めて、支払わなければならない」という**基本5原則**が定められています。

労働基準法上の給与支払いの基本5原則

①**通貨払いの原則**…通貨で支払わなければならないというルール

②**直接払いの原則**…支払い方法は、直接、労働者に支払わなければならないというルール

③**全額払いの原則**…全額を支払わなければならないというルール

④**毎月1回以上払いの原則**…必ず毎月1回以上、支払わなければならないというルール

⑤**一定期日払いの原則**…一定の期日を定めて支払わなければならないというルール

デジタルマネーによる給与の支払いについては、①通貨払いの原則と、③全額払いの原則が関わってきます。

①通貨払いの原則とは、原則的に通貨以外のものによる給与の支払いは認めない、というルールです。簡単にいえば、昔の時代の物々交換のようにお米で払ったり、自社商品を給与の代わりにしたりというような**現物給与は認めない**ということです。

仮想通貨などは、労基法上の「通貨」には該当しないので、原則的には、仮想通貨による給与の支払いは認められないことになります。しかしこれには例外があり、労働組合との取り決めルールである「**労働協約**」の締結があれば、現物給与による支払いは認められ

ています。逆にいえば、労働組合がない会社では、現物給与は認められないということです。

つまり、デジタルマネーで給与を支払いたいといった場合には、労働組合との労働協約が必要になります。

また、③全額払いの原則についていえば、給与の一部を仮想通貨などの購入費に充てるため控除するという場合には、この原則に抵触することになります。

しかし、労働者の過半数代表との「**労使協定**」があれば、給与の一部を控除することは可能なので、①通貨払いの原則よりは、ハードルが低くなっています。

すでに、財形貯蓄制度の積立金や社員持株会の拠出金、自社製品の購入費などを給与から控除している企業もあるのではないでしょうか。こうしたものの控除と仮想通貨は同様の考え方となります。

このように、給与の支払いについては、現在の法律では厳しい原則があり、基本的には労働組合との労働協約や労働者代表との労使協定を締結してはじめて、「通貨」以外の支給が可能になるというルールになっています。したがって、安易に給与を仮想通貨で支給するなどということはできないことに留意が必要です。

しかし、デジタルマネーによる給与の支払いについては、現在、大きな改正の動きがあり、2018年10月に厚生労働省では、企業が従業員にデジタルマネーで給与を支払うことができるように、規制を改正する方針を固めました。

早ければ2019年中にも可能になるということで、今後、企業は専用のプリペイドカードやスマートフォンの決済アプリなどに給与を入金できるようになりそうです。しかし、価格変動の激しい仮想通貨は、その対象から外れる方針のようですので、改正後も労働協約などが必要となることに変わりはなさそうです。

デジタルマネーによる給与の支払いについては、今後の動きに注目が必要です。

3-8 給与に関するQ＆A③ ピアボーナス（成果給）の注意点は？

Q 当社では、従業員間のフィードバックを給与に反映させるために「ピアボーナス」の導入を考えています。ピアボーナスを導入する際の労務管理上の注意点を教えてください。

A 給与規程の変更や、割増賃金の計算、社会保険・労働保険の取扱いに注意が必要です。

ピアボーナスとは何か

昨今、ＩＴベンチャー企業を中心に、「**ピアボーナス**」というものの導入が進んでいます。

ピアボーナスという言葉は耳慣れない、という人もいるかもしれませんが、このピアボーナスは、アメリカの大手ＩＴ企業Googleでも導入されています。

「ピア」とは、英語で「仲間、同僚」の意味ですが、ピアボーナスとは、こうした「**仲間、同僚からもらう成果給つまりボーナス**」のことです。

日本の一般的な企業の人事評価制度は、通常「経営者やマネージャーなどの管理職」が、社員の能力や実績を査定して支給額を決めるというしくみです。

ただし、経営者やマネージャーなどの管理職は、一般従業員の業務に密接に参加するというわけではないため、従業員の働きぶりをずっと見ているということは難しくなっています。

そのため、通常の人事評価では、従業員の他部署への些細な貢献や、表に出にくい「縁の下の力持ち」的な業務貢献は見落とされてしまい、従業員の給与や賞与に反映されにくいというデメリットがあります。

ある調査によれば、現在の人事評価制度は適切ではないと思っている社員は約5割もいるそうです。

こういった背景から、日本でも経営者・マネージャーなどの管理職の評価だけではなく、仲間・同僚によるフィードバックを導入することで、従業員の日々の小さな貢献に報いようという流れがあり、ピアボーナスを導入する企業が大企業やITベンチャーに現われ始めているわけです。

🏢 ピアボーナスを導入する効果

日本において、ピアボーナスの導入を支援するサービスを展開する企業もいくつかありますが、基本的なサービスのしくみとしては、「日々の業務で、業務・組織に貢献する行ないをした従業員に対し、従業員同士が感謝のメッセージとともにポイントを送るシステム」というのが標準的な説明です。

そして、この従業員同士で送り合ったポイントを、給与やインセンティブに反映させていくというのが、ピアボーナスのざっくりとしたしくみです。

たとえば、日本でサービスを展開するピアボーナス「Unipos」の場合、メッセージは、スマートフォンやSlack・Chatworkなどのチャットツールを利用することで簡単に投稿でき、その投稿はタイムラインで全社に共有することができるようになっています。

また、その投稿に他の従業員が拍手ボタンを押すことができるしくみも搭載されているので、それぞれが気軽にコミュニケーションに参加でき、**従業員同士がポジティブなフィードバックをし合えるという効果**に加えて、**社内コミュニケーションを活性化し、組織に一体感を生む**という効果も期待できるようです。

◎Uniposの基本機能とは◎

(「Unipos」ホームページより)

現場の評価をリアルタイムに、しかもチャットツール等で簡単に反映させることができるため、従業員のエンゲージメントのアップを図りたいという企業には、相性のよいしくみであると思います。Uniposはすでに200社以上で導入されているということで、ピアボーナスが大企業やIT企業で広がりつつあることがわかります。

ピアボーナス導入時の留意点

では、実際にピアボーナスを「わが社でも導入したい」という場合には、どのような点に気をつける必要があるのでしょうか。

ピアボーナスを給与の支払いに導入するという場合に気をつけなければならない点としては、以下のようなものがあげられます。

①給与規程の変更

　ピアボーナスは、給与の**成果給の一種**なので、導入にあたっては、自社の給与規程の変更が必要な場合があります。

　ピアボーナスを導入する場合の給与規程の変更例をあげておくと、次のとおりです。

給与規程の規定例

（ピアボーナス給）
第○条　ピアボーナス給は、日ごろの社員間の業務上の貢献に対して感謝を送りあうことにより、部門・職種間を超えた人的コミュニケーションを促すとともに、会社の行動理念・経営理念を体現するような社員の称賛されるべき行ないへのインセンティブとして毎月、基本給と合わせて支給する。

　また、導入する際の注意点として、基本給の一部を減額して原資を確保し、ピアボーナス給に割り当てるというようなことは、**労働条件の不利益変更**となります。

　一方的に基本給を減額して導入するなどという労働条件の不利益変更は、原則として認められないので、そのような方法を取りたい場合には、労働者の個別同意等を取りつけなければ実現は難しくなります。プラスアルファでの支給をお勧めします。

②割増賃金の計算方法

　毎月、賃金としてピアボーナスを支給するという場合、ピアボーナスも、割増賃金を計算する際の基礎とすべき給与となります。

　割増賃金の計算から除外できる賃金は、「家族手当」「通勤手当」「別居手当」「子女教育手当」「住宅手当」「臨時に支払われた賃金」「1か月を超える期間ごとに支払われる賃金」の7種類に限定されていますので、このようなものに該当しない場合には、すべて割増

賃金を計算する際の基礎に算入される給与となります。

③社会保険料・労働保険料の算定基礎

　毎月、賃金としてピアボーナスを支給するという場合には、社会保険料や労働保険料を算定する際に含めるべき賃金とみなされます。

　そのため、保険料算定の基礎に入ることになるので、この点には十分な注意が必要です。

🏢 管轄の年金事務所等に必ず確認を

　ピアボーナスに関しては、日本では新たなしくみであり、社会保険や労働保険を管轄する年金事務所や労働基準監督署においても、まだ取扱いのルールは定まっていません。

　本書の執筆にあたり、ベンチャー企業の多い渋谷にある渋谷年金事務所等にも確認しましたが、やはり取扱いについては、やや不明瞭なところも多くあるように感じました。

　ピアボーナスを給与として支給する場合には、ピアボーナスの運営会社や自社を管轄する年金事務所や労働基準監督署に確認しながら進めることをお勧めします。

3-9

制度・組織設計に関するQ＆A①
リファラル採用の設計のしかたは？

> **Q** 当社では、社員の知り合いに当社への転職を希望する人がいたら紹介してもらい、その紹介によって入社が決まった場合には、紹介した社員に何らかのインセンティブを支払う制度を導入したいと考えています。この場合、どのような点に注意して制度を設計すればよいでしょうか？
>
> **A** 社員紹介が「人材紹介業」として判断されないような制度設計が必要です。具体的には、支給金額の賃金規程への明記、支給要件を明確にするなどが必要になります。

社員の紹介による採用のメリットは

　昨今、人手不足が深刻になっており、特にベンチャー企業では、採用に苦労しているところが多いようです。

　また、せっかく採用しても、ミスマッチによりすぐに退職してしまうということも少なくありません。

　そのようななかで、すでに自社で働いている社員の友人・知人を紹介してもらい、採用につなげることができれば、人材紹介会社に高額な紹介料を払わずとも、信頼のできる人を採用することができます。

　また、すでに自社で働いている社員の紹介であれば、自社のことをよく知ってもらってから入社してもらえる、ということもあり、ミスマッチを防ぐこともできます。

社員紹介制度の問題点

このような社員紹介制度は**「リファラル採用」**とも呼ばれ、ベンチャー企業でも関心が高いところですが、何点か問題点もあるので、それを解説していきましょう。

①労働基準法上の問題

労働基準法には、「何人も法律にもとづいて許される場合のほか、業として他人の就業に介入して利益を得てはならない」という規定があり、いわゆる職業紹介事業者として法律にもとづく許可を得ていない場合には、「業として」、簡単にいえば**ビジネスとして職業紹介をすることは禁止**されています。

この「業として」ということの判断基準としては、**「反復して継続的に行なっている場合」**が問題となります。

つまり、「ある1人の社員が、大量に毎月のように誰かを紹介してくれる」というような実態になっていると、その人は「業として」、つまりビジネスで職業紹介をしているのではないか、とみなされるリスクが高まります。

②職業安定法上の問題

職業安定法には、「労働者の募集を行なう者は、その被用者で当該労働者の募集に従事する者または募集受託者に対し、賃金、給料その他これらに準ずるものを支払う場合または第36条第2項の認可に係る報酬を与える場合を除き、報酬を与えてはならない」という規定があります。

この規定を要約すると、労働者の募集に従事する従業員に対して「報酬を与えること」は原則として禁止されているのですが、「賃金、給料その他これらに準ずるものを支払う場合」には例外として禁止ではないという解釈になります。

つまり、人材紹介などの生業に対して報酬を払うというのではな

く、就業規則・賃金規程に規定されているような賃金・手当的な性質のものであれば、OKということになります。

労働基準法上も職業安定法上も、ビジネス色が濃くなると違法になってしまうので、そうならないような制度設計が必要ということになります。

違法とならない社員紹介制度の導入のしかた

では、どのような点に気をつけて社員紹介制度を導入すればよいのでしょうか。そのポイントをいくつかあげておきましょう。

☑ 支給金額の設定に注意

紹介者への給付金額が、一般的な賃金水準に比べ多額の場合は、報酬としてみなされやすくなります。

明確な基準はありませんが、**10万～30万円程度**であれば多額ではないため、問題となるリスクは少ないと考えます。

たとえば、紹介報酬を100万円などとした場合、転職エージェントに支払う金額（採用予定者の年収の35％程度）に近くなるため、報酬として判断される可能性が高まります。

☑ 賃金規程に明記しよう

社員に社員紹介料という形で支払うのではなく、「会社に必要な人材を紹介したこと＝会社の必要な業務遂行に貢献したこと」に対して支払う手当という意味合いで、**「社員紹介手当」**のようにして、賃金規程に明記することで報酬という意味合いが薄れ、逆に賃金性が増します。

社員紹介制度でお金を渡したいとなった場合には、必ず賃金規程に明記して明確化しましょう。

また、賃金規程に規定する際の**「支給要件」**には、「社員紹介手当を支給するのは3人までの紹介に限る」といったように**紹介人数**

に上限を設けると、業として行なっているとみなされるリスクは減るので、こうした定めを賃金規程に織り込むことも一案です。

給与規程の規定例

（社員紹介手当）
第○条　会社は、社員（役員を除く）が知人等を会社に紹介し、採用に結びついた場合には、社員紹介手当として100,000円を支給するものとする。
2　当該手当は、紹介手当の対象となった社員が入社後3か月継続勤続した場合に支給する。
3　当該手当の支給は、社員1人につき3人の紹介までに限るとする。

☑ **所得税や社会保険の取扱いに注意**

こうした社員紹介手当は、社会保険上も税法上も**賃金に該当**します。

そのため、所得税の課税対象となりますし、社会保険の標準報酬額にも加味する必要があり、所得税・社会保険料の金額が上がることにもなるので、その点も注意が必要です。

3-10 制度・組織設計に関するQ&A②　ティール組織等の労務管理の注意点は？

> **Q** 当社では、階層的な上下関係をなくし、フラットな組織づくりをしたいと考えています。また、社内規程や服務規律などは最低限の規定とし、各人が自律的に動けるような組織をめざしていますが、労務管理体制はどのように構築すればよいのでしょうか？
>
> **A** 労働時間制度や就業場所を柔軟にするなど、各人が自律的に働ける環境を整える一方、守らなければならない服務規律、懲戒規定等は就業規則に盛り込む必要があります。

ティール組織・ホラクラシー型組織とは

　ベンチャー企業の人事担当者や経営者から、「**ティール組織**」や「**ホラクラシー型組織**」などの言葉を耳にすることが多くなりました。

　ティール組織とは、アメリカで数年前に発売された『Reinventing Organization』という書籍が、2018年に日本語版として『ティール組織　マネジメントの常識を覆す次世代型組織の出現』として発売され、一躍日本でも話題となったものです。

　このティール組織がどのような組織かというと、これまで日本企業に当然にあった階層的な上下関係や売上目標や予算設定をなくし、意思決定の権限・責任を一部の経営陣に限るのではなく、個々の組織メンバーに分けることで、それぞれその組織で働くメンバーがモチベーションを高く持ちながら、主体的・自律的に仕事をするような**セルフマネジメント型組織**のことをいいます。

一方、ホラクラシー型組織とは、ティール組織のなかの具体的な一つの形態です。

　具体的には、社内に役職や階級がなく、意思決定権も組織内で分散され、責任や権限もそれぞれの部署や個々の社員に分散されるようなフラットな組織を指します。

　ティール組織・ホラクラシー型組織は、これまでの古きよき日本企業の「服務規律やルールに則って、上司と部下の絶対的な上下関係のもと、組織の売上げ目標に向かって命令に従って働いてもらう」という組織形態とは真逆の組織となります。

　ティール組織・ホラクラシー型組織は、こういう旧態的なものをとっぱらったフラットな組織を指すわけです。

　このようなティール組織・ホラクラシー型組織の実現を実際にめざすというベンチャー企業の経営者は数多くいますし、私の顧問先でも数年前からこのような組織形態を目標として導入を進めてきたという企業もあります。

　とにかくベンチャー界隈では、注目されている組織形態です。

🏢 労務管理制度の構築

　前述したように、ティール組織・ホラクラシー型組織をめざす企業にとっては、服務規律などの細かな規則で社員を縛るというようなことは、めざしている姿とは異なります。

　そのため、旧来型の日本企業の労務管理は、そのめざす姿とは真逆に映ります。

　ホラクラシー型組織を実現しているとうたう企業のなかには、「わが社には就業規則はありません！」とまでいっている採用のためのホームページを見ることもあります。

　しかし、水を差すようなことをいうようですが、就業規則の作成というのは労働基準法上、**常時10人以上の労働者を使用する組織においては義務化**されています。

就業規則自体の作成義務は、コンプライアンス上、守る必要があるので、このような「就業規則を設けない」といった極端なことを実施するのは難しいため注意が必要です。

　ティール組織・ホラクラシー型組織を実現したい企業を目の前にして、どのように労務管理制度を構築していくと、その理念に合致するのか？　ということは、実はまだ私自身答えが出ていないところではありますが、以下のようなことは、ティール組織・ホラクラシー型組織を実現したい企業には当てはまることが多くなっています。

①労働時間制度

　ティール組織・ホラクラシー型組織においては、意思決定の権限・責任、裁量は個々の組織メンバーに分けられ、それぞれ主体的・自律的に仕事をするようなセルフマネジメントが求められます。

　そのため、「朝は絶対に9時には来てもらい、帰りは18時まで在社してもらう」というような固定的な労働時間制度ではなく、**柔軟な労働時間制度**というのがふさわしいと考えています。

　「柔軟な労働時間制度」とは、裁量労働制やフレックスタイム制を指します。これらの制度の詳細は2－7項（62ページ以下）を参照いただければと思いますが、このような柔軟な労働時間制度を導入することで、より個々のメンバーが自律的に働くことができるようになると思います。

②就業場所

　「絶対にオフィスに来て仕事をしなければならない」ということは、ティール組織・ホラクラシー型組織が求める社員の自律的な行動を阻害してしまう要因になり得るかもしれません。

　そのため、ティール組織・ホラクラシー型組織をめざす企業では、「**在宅勤務**」や「**テレワーク**」がマッチしていることが多いように

感じています。

　業務上の情報管理等の問題をクリアにする必要もありますが、就業場所を問わないというのも、より社員が自律的にモチベーションを高めて働くことを可能にすることになります。

　①の柔軟な労働時間制度と組み合わせると、より柔軟性が増し、社員の働き方に幅を持たせることが可能になります。

③服務規律

　通常、われわれ社会保険労務士が就業規則の策定を行なうときは、就業規則というのは「会社を守るルール」という側面も強いので、従業員に守ってほしい服務規律や懲戒事由、懲戒のルールなどを非常に細かく設計します。

　たとえば、服務規律だけで50項目などを盛り込むというようなことは、特別なことではありません。

　しかし、ホラクラシー型組織をうたう企業の場合、あまりにも細かいことを縛る規則はふさわしくないでしょう。

　一例にはなりますが、よくある服務規律のなかに、

「会社の経営方針を尊重し、上長の職務上の指示・命令・注意に従うこと」

といった文言がありますが、これもティール組織・ホラクラシー型組織ではふさわしくありません。

「会社の経営理念への理解・共感にもとづき、自律的にその経営理念の実現に向かって動くこと」

といったように修正する必要があるでしょう。

　また、これもよくある服務規律ですが、

「服装は華美にわたらぬようにすること」

「就業中の飲食は慎むこと」

といった文言も、ティール組織・ホラクラシー型組織ではこんなことまで規則を設けるのは、意図にそぐわないものと考えます。

さらに、自律的・セルフマネジメント型の社員ということを前提にすれば、おそらくこれまで多くの企業が禁じてきた「二重就業の禁止」などは、そういった優秀な社員のモチベーションを阻害する要因になるため、いわゆる社員の副業や社外での講演・執筆を認めることもティール組織などにはふさわしいように考えています。

「会社が命じる」「上長の許可」の問題

一般的な企業の就業規則では、「会社が○○を命じた場合」という文言が山ほど出てきます。または「上長の許可を得た場合」「上長に事前に連絡をしたうえで〜」といった文言も同様によく使われます。

しかし、ティール組織・ホラクラシー型組織では、役職や階級がないので、これらの指揮命令系統を定めることは、実態にそぐわないことになります。

ティール組織・ホラクラシー型組織では、「命令」というよりも**「リクエスト」ベースで職務を進める**ため、それを前提に規定していく必要があります。

とはいえ、それぞれの職務がもつ権限は依然として残るので、場合によっては**「人事部の許可を得て」**のような書き方を残すことは、おかしくないようには思います。

また、**企業秩序を維持するうえで絶対に必要な規則**は、存在し続けています。たとえば、企業内のハラスメントの防止、暴力団関係者とのかかわりの禁止、営業機密漏えいの防止など、絶対に会社として規律すべきところは残るので、労務管理制度を構築する場合には、最低限のルールとして規定化することは必要です。

またベンチャー企業では、ティール組織・ホラクラシー型組織が根づきやすく、実際に制度導入をめざすことも多いですが、こうしたベンチャー企業においては、2-6項(50ページ)の「就業規則」の策定のところでも説明したように、問題社員を採用してしま

う可能性が大企業よりも高いと考えています。

　そうした場合に、就業規則をあまりに緩いものにしておくと、労務トラブルが発生した場合には、企業が著しく不利になってしまう恐れがあります。

　そのため、「就業規則を作成しない」というようなことは論外ですが、あまりにルールを設けない緩い就業規則であっては、労務リスク防衛の観点からは不十分です。

3-11

制度・組織設計に関するQ＆A③　テレワークを導入するときの注意点は？

Q 当社では、より社員が柔軟に働くことができるように「テレワーク」を導入することにしました。テレワークを導入するにあたって労務管理上、留意しなければならないことはなんですか？

A 労災保険法などの各種労働関連法は、当然に適用されます。また、労働時間の管理方法を検討して、長時間労働とならないようなしくみを策定する必要があります。

テレワークとは何か？

「働き方改革」という言葉が社会に定着し、より多様で柔軟な働き方を実現させようと奮闘する企業のニュースも頻繁に目にするようになりました。

時間や働く場所の制約を受けずに、柔軟に働ける「**テレワーク**」も働き方改革の1つとして注目度が高く、導入する企業も増えています。

テレワークとは、主に労働者が「**情報通信技術を利用して行なう事業場外勤務**」と定義されていますが、業務を行なう場所に応じて、「**在宅勤務**」「**サテライトオフィス勤務**」「**モバイル勤務**」などに分類されます。

在宅勤務とは、その名のとおり、主に従業員の自宅で行なわれるもので、テレワークとしてよく行なわれているパターンです。

サテライトオフィス勤務とは、企業の本社から離れた場所に設置

されたオフィスで勤務してもらう形態です。最近では、シェアオフィスやコワーキングスペースが増加していることもあり、会社が各地に拠点を設けて従業員の自宅から近い拠点で勤務してもらうケースなどもあります。

　モバイル勤務については、営業社員が出先のカフェや移動中の新幹線の車内等で勤務をするというような形態です。

テレワークを導入する際の労務管理上の留意点

☑ 労災保険も適用される

　まず、基本的なことですが、テレワークを行なう労働者についても、労働基準法、労働安全衛生法、最低賃金法、労働者災害補償保険法（労災保険法）等の**労働関係諸法令は適用**されます。

　したがって、テレワークを行なう労働者であっても、労働基準法上の労働時間の規制などはもちろん対象となりますし、最低賃金の定めも通常の労働者と同様に適用されます。

　また、労災保険についても当然に適用されるため、たとえば在宅勤務中に自宅で転んでケガをしたというような場合は、業務との因果関係があり、労働時間中に起きたということであれば、**労災保険の給付対象**となります。

　特に、自宅で行なわれる在宅勤務の場合、労働者が通常生活している空間ということもあり、労災保険は適用されないのではないかと誤解している人が多いので、念頭に入れておく必要があります。

　また、厚生労働省より「ＶＤＴ作業における　労働衛生管理のためのガイドライン」（**ＶＤＴガイドライン**）というＰＣ作業等を行なう場合に留意すべき事項をまとめたガイドラインが発行されているのですが、テレワークについても、このガイドラインに準じた管理をすることが望ましいとされています。

　通常、オフィスについては、十分な照明や空気換気、オフィスデスクなど、労働者が快適に作業できるような環境が実現されていま

すが、従業員の自宅については、そのような環境が十分に実現されているとは限りません。

VDTガイドライン自体は細かい基準があり、詳細については割愛しますが、おおよそテレワークをする労働者に対しては、以下にあげるような、快適に業務遂行ができる基準が自宅等で満たせているか程度は確認することを、労災予防の観点からもお勧めします。

---

①十分な照明のもとで作業が行なえるか
②温度・湿度管理は不快な状態になっていないか
③業務がしやすい机、椅子の設備があるか
④十分な作業スペースがあるか　など

☑ **労働時間管理の必要性**

　テレワークを導入する際に、経営者や人事担当者が一番気になっているのが、労働時間の管理方法だと思います。

　テレワークであっても、労働基準法は適用されますから、通常の固定的な労働時間制度を利用している場合には、時間外労働があれば当然に、その時間外労働に応じた割増賃金を支払う必要があります。

　なお、テレワークの導入の際には、固定的な労働時間制だけではなく、フレックスタイム制や裁量労働制などの柔軟な労働時間制度を適用させることも、もちろん可能です。

　また、テレワークを導入する場合に、「事業場外みなし労働時間制を使えますか？」という質問をよく受けます。

　事業場外みなし労働時間制とは、業務の全部または一部を事業場＝会社の外で従事したことによって指揮監督が及ばず、その結果、労働時間の算定が困難となった場合に、その事業場外の労働については「特定の時間」を労働したとみなすことのできる制度です

　この「特定の時間」については、所定労働時間の8時間とする会

社が多くなっています。

　つまり、「会社の指揮命令が及ばず算定が難しい労働時間については8時間とみなす」とすることができるのが、この事業場外みなし労働時間制です。

　テレワークを適用する労働者に、この事業場外みなし労働時間制を使えるかという点については、次の2つの要件を満たしていれば、適用可能です。

①ＰＣ等により使用者の指示に即応する義務がない状態
②随時、使用者の具体的な指示にもとづいて業務を行なっていないこと

　上記①がどのような状態かというと、たとえインターネット回線が接続されていて、会社のメールやチャットがいつでも届く状態であっても、その返信に即時対応する義務がなければ、「ＰＣ等により使用者の指示に即応する義務がない状態」であるといえます。

　また、業務の期限や、そもそもの業務内容の変更の連絡などは、逐一業務に対しての指示を行なっているとはいえず、こうした基本的な事項の業務連絡は、上記②の「具体的な指示」とはいえないとされています。

　個人的な考えでは、テレワークの実態として、ＰＣやチャットツール等を利用して上司やグループメンバーがなにか指示や突然の依頼をしたり、業務命令をしたりすることが多いです。意識的に「テレワークの場合には即応しなくてよい、具体的な業務指示は行なわない」というようにしていない限り、なかなか事業場外みなし労働時間制を適用するというのは現実的でないように感じます。

　テレワークの導入に際して、これまで自社で使ってきた固定的な労働時間制度ではなく、新たに裁量労働制やフレックスタイム制、事業場外みなし労働時間制を使おうとすると、現場に大きな混乱を

招き、結果として、誰も活用しなくなってしまうケースも少なくありません。

実際にテレワークを上手に活用している企業の多くで、固定的な労働時間制度を利用しています。

まずはスモールスタートで、使い慣れた労働時間制度でテレワークを始めることをおすすめします。

☑ 長時間労働・未払い残業代対策

テレワークのうちでも「**在宅勤務**」の導入で気をつけるべき点としては、この長時間労働・未払い残業代対策があげられます。

自宅で仕事をしていると、どうしても夕飯を食べた後に仕事を再開したり、週末にPCを持ち帰っていると休日にPCを開いて見たり…といったことになりがちで、「業務の終わり」の区別がつけにくいことから**長時間労働**になってしまうことがあります。

厚生労働省の「テレワークガイドライン」には、こうした「長時間労働を防止する対策を図ることが使用者には求められる」という旨の記載があります。

具体的な防止対策としては、たとえば、次のようなことがあげられています。

> ①メール送付の抑制（役職者等から時間外、休日、深夜におけるメール送付の自粛）
> ②システムへのアクセス制限
> ③テレワークを行なう際の時間外、休日、深夜労働の原則禁止
> 　　　　　　　　　　　　　　　　　　　　　　　　　　など

このなかでも、特に効果的と感じるのは、「時間外、休日、深夜労働の原則禁止」だと考えています。

少なくとも、時間外労働を行なう際には、事前にメール等で許可を取ったうえで行なうことが必要だと考えます。

長時間労働の抑制という意味でももちろんですが、在宅勤務だと仕事をしているのか他のことをしているのかが、見えにくいのは事実なので、だらだらと時間外労働をされた場合に、会社としてはコスト面でも気になるという話をよく聞きます。

　テレワークを導入する場合には、時間外、休日、深夜労働の禁止と許可制をセットにして始めることをお勧めします。

PART 4
ベンチャー企業の海外進出の必須知識

海外赴任者の
労務管理で
留意しておくべきこと

4-1

ベンチャー企業の海外進出はどうなっているか

🏢 ベンチャー企業もどんどん海外進出する時代

　PART3までは、ベンチャー企業が日本国内で成長していくにあたっての人事労務の実務について解説しました。このPART4では、その次のフェーズ、つまり**海外市場へ飛躍していく段階**について説明していきたいと思います。

　昨今、金融機関が、中小企業の海外進出支援の後押しをしていることを受け、大企業にとどまらず、中小企業・ベンチャー企業でも海外に販路を広げようとして、積極的に海外進出を行なっている企業が多くなっています。

　一昔前は、大手製造業の関連会社などが、取引先が海外進出するので一緒に進出して、現地に工場をつくるといった生産拠点の拡大を目的とした進出が多かったのですが、現在では、ITサービスを海外で展開したいといった**販路拡大を目的として進出**する企業が多くなっています。

　ベンチャー企業でも、上場時に調達した資金等を活用して、積極的に海外に挑んでいこうという企業が多くなっています。弊社の顧問先でも、海外に拠点を複数持っているベンチャー企業がいくつもあります。

　企業が海外進出をする際には、日本から現地に社員を**海外赴任**させるといったケースがよくありますが、その際に海外赴任者の労務管理にどう取り組めばよいのかわからない、といった相談が多く寄せられます。

　そこで、弊社でもコンサルティングを行なっている海外進出時の労務管理のポイントについて、この章で見ていきたいと思います。

海外進出の全体像を見ておこう

まずは海外進出の全体像をとらえてもらうにあたって、より具体的なイメージがわくように、実際に海外進出する際に、日本から海外赴任者を現地に送る場合には、どういう手続きが必要になるのかという「**準備チャート**」を見ていただきたいと思います（次ページ参照）。

通常、海外進出する場合には、現地に拠点を立ち上げることになりますが、その拠点には日本の本社から人を派遣して「**海外赴任**」させるケースが多くなっています。

こうした海外赴任者を送り出すためには、数か月前からさまざまな準備を計画的に進める必要があります。

赴任者本人が、メインに準備するものが、次ページ上図の「準備チャート」です。

図に示した1つひとつのことは、雑多なこまごまとした準備ですが、およそ**赴任する3か月前ごろ**から、計画的に動き出す必要があります。

また、次ページ下図は、主に会社が主導して進める海外赴任のための「出国・社会保険・税関連の手続き」をまとめた「準備チャート」です。

海外赴任者がメインに進める準備に比べれば、雑多ではありませんが、**1つひとつの手続きはどれも重要**であるため、赴任者を送り出す会社側も、それなりに時間がかかることを覚悟しなくてはなりません。

このように、海外進出はやるべき手続き・決めるべきことが多く、また同時に金銭的・時間的にもコストがかかることを、まず理解しておきましょう。

◎海外赴任者を送り出すための準備チャート

	3か月前	2か月前	1か月前
引っ越し	**引っ越し業者選定** まずは、引っ越し業者に問い合わせをし、見積もり・下見・荷物の仕分け計画などを立てる	**引っ越し荷物の仕分け** 国内に置いていく物、航空便で送る物、船便で送る物、処分する物の仕分けを進める	
		船便発送 目的地によっては2か月かかることもある。業者と打ち合わせをして発送タイミングを決定	
住宅	**住宅の手続き** 赴任が決まった段階で退去予定の手続きをしましょう。売るのか？ 貸すのか？ 留守宅管理サービスを使うのか検討	**車の処分** 業者に問い合わせが必要。名義変更、保険の中断証	
		現地での住居探し 現地の住宅情報を現地日系不動産会社等で収集	
学校	**現地の学校・教育機関を探す** 現地で通う学校を検討。日本人学校・現地校・インターナショナルスクールなど。日本の学校へも転校の連絡	**学校決定・転校準備** 現地の学校に確認し、日本で現在通っている学	
		学用品の購入・教科書の入手 日本人学校の場合、現地で手に入りにくい	
その他	**赴任の準備と諸手続き** 治安情報の収集(たびレジ登録)・国内銀行口座の継続確認、生命保険確認、国際デビットカードやクレジットカードに加入、国際運転免許証の申請、携帯・固定電話・プロバイダーの解約、		

◎海外赴任者を送り出すための準備チャート

	3か月前	2か月前	1か月前
渡航関連	パスポート申請		
	ビザの申請		
社会保険関連		社会保障協定申請 (166ページ)	
税金関連		財形貯蓄非課税の継続適用の手続き	
その他	海外旅行傷害保険加入		
	労働安全衛生法にもとづく健康診断・予防接種	赴任前各種セミナーを実施	

PART4 ベンチャー企業の海外進出の必須知識

＜赴任者生活設営関連＞◎

	2週間前	1週間前	赴任地到着直後
	粗大ごみ処分など業者依頼	国内引っ越しの搬送、トランクルームへ搬送	荷物受取り
		航空便発送 → 手荷物の梱包	
明、国際免許への切り替えも必要	住宅の引き払い ホテルやマンスリーマンション、実家等に移動		PC回線の設置
			隣人への挨拶
			生活必需品の購入
			不足家具の購入
校に入学のために必要な書類の発行を依頼する		転校手続き	
学用品が必要となるので出発前に購入		転出届（2週間前から）の提出	
健康診断、予防接種、歯科検診、常備薬の準備、語学研修			在留届の提出 ／ 現地銀行口座の開設
			電気・ガス・水道の開始手続き
	電気・ガス・水道・新聞等の停止手続き		

＜出国・社会保険・税関連＞◎

	2週間前	1週間前	赴任後
航空券・ホテル手配			
労災保険特別加入（167ページ）			介護保険適用除外手続き
			（該当者）配偶者の雇用保険失業手当の延長受給申請
納税管理人の届出		年末調整	
「転任等の命令により居住しないこととなる旨の証明書（住宅ローン控除）」を提出			
語学研修実施			
		海外赴任者・家族の緊急連絡先の確認	

海外赴任者の労務管理で留意しておくべきこと

◎海外進出する際の心がまえ◎

①やるべき手続き・決めるべきことが多い

②コストがかかる

③前例のないことが多く発生する

安易に進出を決めると後で大変！

　また、海外赴任者をめぐる労働基準法などの法律の適用関係も複雑であるため、たとえば役所に聞いても、明確な答えは得られないというようなことが多く発生します。

　そこで、海外進出する際には、こうしたコストを受容する、それなりの心がまえが必要です（上図参照）。

4-2

海外進出にはどんな形態があるか

駐在員事務所、支店、現地法人などがある

　心を決めて、ベンチャー企業がいざ海外進出するとなった際には、現地での形態を決める必要があります。進出形態には、「**駐在員事務所**」「**支店**」「**現地法人**」などがありますが、それぞれの形態の特徴は下図のとおりです。

◎海外進出の形態ごとの特徴◎

駐在員事務所

現地での営業権を持たず、日本本社の一部として連絡・情報収集、市場調査、販売代理店の支援などを行なえるが、営業活動は行なえない。
一方、営業活動を行なわないため、法人税が課税されず、税務申告が不要など進出時のハードルが低い。

支店

日本本社と同一法人で、営業活動が可能。しかし、日本本社が支店の法律行為についてもすべて責任を負い、決算も日本本社と支店をあわせて日本で行なわれる。
国によって支店の設置が認められていないことや、外資の出資比率に制限のある分野での活動ができないことがある。

現地法人

自社の出資もしくは合弁で会社を設立する完全子会社。
国や事業内容によっては、外資100％の企業設立が認められないこともあるため注意が必要。

まずは支店設置から始めてみる

「支店」とする場合には、法人設立に比べ、**必要な事務作業が少ないことに加え、本社と支店間の資金が融通しやすい**などのメリットがあります。

そのため、ベンチャー企業の場合は、まずは支店を設置して、日本から数名の日本人を赴任させ、小さくビジネスを始めるというところが多くなっています。

ただし、支店については、中国やベトナムなど原則として設置が認められていないところもあるので、進出先の国では支店の設立が可能かどうかの調査が必要です。

こうした情報はJETRO（日本貿易振興機構）でも提供しています。JETROはほぼ各都道府県に国内事務所があるので、可能ならば足を運んでみるのもよいかもしれません。

なお、支店形態でしばらくビジネスを行なった後に、現地での見通しが立ったという場合には、「現地法人」を設立するという会社も多くなっています。

4-3

海外勤務のしかたには
どんな形態があるか

🏢 出向、駐在、転籍などの形態がある

　海外勤務の形態には、前項の海外進出の形態に応じて、下図に示したように「**出向**」「**駐在**」「**転籍**」と、主に3つの形態が考えられます。

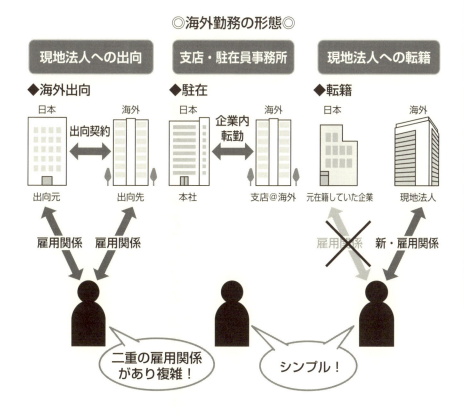

◎海外勤務の形態◎

　たとえば、現地法人を設立する場合、日本から送り出す従業員は通常、これまでの勤務先である日本本社と現地法人との間で**二重に**

雇用関係が発生し、「出向」という形態となります。

　現地法人を設立して、日本から社員を送り込む場合は、この「出向」の形態をとる企業が多くなっています。

　また、支店や駐在員事務所の場合は、日本本社と同一法人なので、「**企業内転勤**」という取扱いになり、雇用関係は日本本社とのみ発生しています。

　さらに、レアケースではありますが、日本本社との雇用関係を解消して、現地法人と新たに雇用関係を結ぶという「**転籍**」という形態をとる場合もあります。この場合は、まったく違う企業に改めて雇用される、ということになります。

　つまり、現地採用者と同様の取扱いとなり、日本の法律は完全に適用外となり、現地の法律に従った労務管理が必要になります。

4-4 海外進出時のリスクを軽減するためには

労働基準法はどこまで適用されるか

前述したように、海外赴任者に対する法律の適用関係というのは複雑です。

現地法人へ「転籍」し、完全に現地としか雇用関係がないという状態であれば、日本の法律は適用されずシンプルなのですが、「出向」や「駐在」「転勤」のケースでは、日本との雇用関係が残ったまま就労地が海外という状態なので、話が複雑になります。

実は、海外で就労している人の労働条件が、労働基準法に違反している場合、労働基準法上の罰則は原則として適用されません。

この文言だけをとらえて、「海外赴任者については労働基準法が適用されないので守らなくてよい」と考えている企業が多いのですが、それは間違っています。

労働基準法は、**労働条件を一定程度まで引き上げる**という性質をもっているため、こういった性質（民事的性質）は、依然として海外赴任者にも残されていると解釈することができます。

海外赴任者の労働条件は明確にしておく

専門的な話は本書では避けますが、「海外赴任者」というのは、その労働条件の適用関係が通常の日本国内勤務者よりも複雑な分、労務トラブルを予防するためには、**労働条件の明確化、同意取得**などのプロセスが非常に重要なのです。

「海外赴任規程」や「出向契約書」「労働条件通知書」などにおいて、海外赴任者、出向元たる日本企業、出向先である現地企業の三者間で、労働条件の取り決めをしっかりしておきましょう。

◎労働条件を明確化するために必要な書類◎

　また、海外赴任者には労働条件について丁寧に説明して、必ず同意を取得しておくことをお勧めします。

4-5 海外赴任者に必要な労務管理

ビザの取得手続き

　この項では、海外赴任者についてどのような労務管理が必要となるのか、それぞれビザ（VISA）、社会保険、労働保険、税務について説明していきます。まずは、ビザからです。

　一般的なビザの種類には、「観光ビザ」「留学ビザ」「就労ビザ」「その他のビザ（永住・外交・公用）」がありますが、海外赴任者が赴任国で働くためには、**就労ビザ**が必要になります。

　就労ビザを取得するためには、通常、**入国許可申請**、**就労許可申請**の2ステップを経る必要があり、さらに一部の国では「**居留許可申請**」という手続きも行ないます。

◎海外赴任者の就労ビザ取得ステップ◎

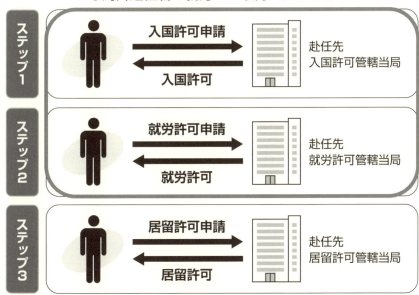

ビザの取得には、2か月程度かかります。ビザが取れずに、海外赴任する時期が遅れるケースも多くあるので、早めの対応を心がけましょう。

社会保険の加入手続き

海外赴任者の社会保険がどうなるのか、ということは気になるところですが、通常、出向元（日本）から給与の一部でも支払われていれば、日本の社会保険の加入は継続できます。

一方、赴任地において外国人の加入が必要な国の場合には、海外赴任者はその国の社会保険への加入が必要となります。つまり、日本と赴任地において、**二重に社会保険の加入が必要**となるわけです。

ただし、「**社会保障協定**」という国と国の社会保障に関する協定が国家間で結ばれている場合で、当該海外赴任者の赴任期間が5年を超えない場合には、日本の社会保険のみ加入することが認められています。

社会保障協定は現在、EU諸国を中心に21か国と署名済みとなっていますが、初めての海外進出先として選ばれることが多い東南アジアでは、社会保障協定の締結国はほとんどありません。

海外進出先がこの社会保障協定の締結国か否かで取扱いが変わるので、海外進出する際には、この点も注意が必要です。

◎社会保障協定がある場合の社会保険の適用関係◎

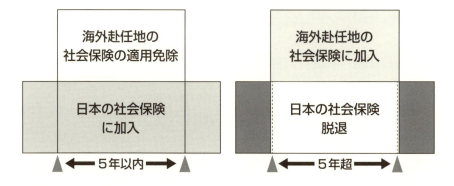

社会保障協定を適用させるための手続き

海外赴任者が生じた場合、その者が日本を出国するまでに、年金事務所に社会保障協定の**適用証明書の交付を申請**し、証明書の交付を受けたら赴任者に渡します。

「適用証明書」とは、日本において社会保険を適用されていることの証明書であり、相手国で社会保険の適用免除を受けるために必要となる書類です。

海外赴任者は、相手国で社会保険への加入を求められた際に、この適用証明書を提示することで、相手国の社会保険制度に加入することを免除されます。

◎社会保障協定の適用証明書の手続きの流れ◎

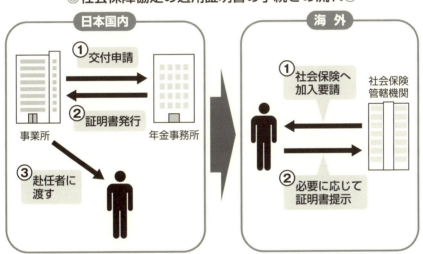

労災保険の特別加入の手続き

通常、日本で勤務しているときに、労働時間中にケガをしたなどの場合には、労災保険法（労働者災害補償保険法）によって国の給付が受けられる制度があります。

この労災保険法は、日本国内においてのみ効力がある法律である

ため、**海外赴任者については基本的に適用されません。**

一方で、労災保険は赴任地で外国人も通常は適用対象となることが多いのですが、日本の労災保険とは補償内容が異なったり、そもそも補償が十分でなかったりします。

そこで、こうした問題を解決するために海外赴任者には、日本の通常の労災保険制度とは異なる、海外派遣者用の「**労災保険特別加入制度**」が用意されています。

この制度に加入するためには、日本の会社を管轄する労働基準監督署に申請する必要があるので、社員が海外赴任するにあたっては忘れずに申請しましょう。

◎労災保険の特別加入制度の手続きのしかた◎

パターン1

初めて海外赴任者の労災保険特別加入の申請を行なうとき

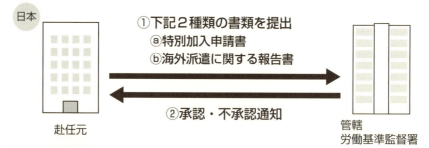

パターン2

海外赴任者の労災保険特別加入の変更申請を行なうとき

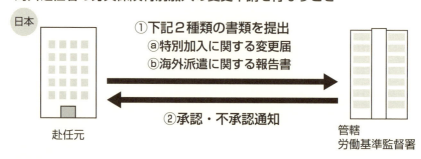

雇用保険の被保険者資格

　日本の雇用保険が適用となる「雇用される労働者」とは、雇用関係（労働者が事業主の支配を受けて、その規律の下に労働を提供し、その提供した労働の対償として賃金、給料その他これらに準ずるものの支払いを受けている関係）によって得られる収入によって生活する者とされています。

　そのため通常は、国内の雇用関係を維持したまま海外赴任する場合には、**雇用保険の被保険者資格は継続**します。

税務に関する留意点

　通常1年以上、海外に赴任する場合、当該海外赴任者は日本の税法上の「**非居住者**」という分類となり、その非居住者に支払う給与については、たとえ日本本社が日本円で日本の給与振込口座に支払っていたとしても、日本の税法上は「**国外源泉所得**」という分類となり、日本では所得税は課税されません。

　一方で、赴任地においては、その国の申告・納税が必要となるので、申告漏れがないように注意したいところです。

　詳細は割愛しますが、海外進出企業については、税務調査があった場合には、給与の支払い等をめぐる納税漏れや、海外赴任地への寄付金の認定といったリスクがあるので、これらの点についても、税理士等の専門家のアドバイスを受けながら注意して進める必要があります。

4-6

海外赴任者が働くルールの設定のしかた

海外赴任者に必要なルールとは

海外赴任者は、当然のことながら国内勤務時とは、その労働環境や勤務している国の法律が異なります。そのため、国内勤務時とは別の**海外赴任者独自の労働条件や会社内でのルール**を策定する必要があります。

海外赴任者のために策定が必要なルールには、下表のようなものがあります。

#	項　目
1	労働時間・休日
2	有給休暇
3	社会保険
4	給与・賞与
5	引っ越し・旅費・支度金
6	住　宅
7	教　育
8	予防接種・健康診断・医療
9	休　暇（海外赴任休暇・一時帰国休暇）
10	服務規律

海外赴任に対する意識は、大企業とベンチャー企業とでは、次ページ図のような根本的な差があります。

図からわかるように、ベンチャー企業や中小企業が海外赴任のルールを設定する場合には、大企業のように「手厚くしてあげよう」という意図はあまりありません。社員の安全衛生に関わる基本的な

◎海外赴任に対する根本的な意識の差◎

部分は保障しつつも、給与・福利厚生などは「この条件であっても手をあげて海外に行きたい人が行けばいい」というポリシーが色濃く表われることが多くなっています。

では、前ページ表にあげた、策定が必要なルールについて、1つずつ見ていきましょう。

①労働時間・休日

海外赴任者の労働時間や休日のルールについては、基本的には海外赴任地の法律に従ってもらうことが普通です。

なぜかというと、労働時間や時間外労働などの労働時間の規制については、海外赴任地の強行規定が適用される「**属地主義**」であること、また、日本の休日が現地の休日等になるとは限らないこと、などの理由があるからです。

ちなみに、属地主義のイメージは次ページ図のとおりです(海外赴任地がタイの場合)。

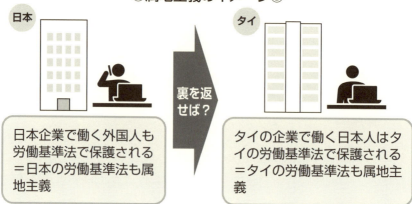

②有給休暇

　海外赴任者の年次有給休暇についても、労働時間・休日と同様に「属地主義」であるため、海外赴任地の法律に従うとすることも可能です。

　しかし実務上は、外国では日本の年次有給休暇より著しく低い水準になる例が多く（特にＡＳＥＡＮ諸国等）、日本と同等の年次有給休暇を補てんして付与するということが多くなっています。

③社会保険

　166ページで説明したとおりです。

④給与・賞与

　次項（4−7項）を参照してください。

⑤引っ越し・旅費・支度金

　海外赴任者を送り出すためには、労働法関連の基礎的な労働条件の他にも、生活の拠点が外国に移るという性質上、策定が必要となるルールがいろいろあります。この引っ越し・旅費・支度金に関することもその1つです。

◎大企業とベンチャー・中小企業のルールが異なる例◎

項　目	大企業パターン	ベンチャー・中小企業パターン
荷物運送費用	区分／船便／別送航空便 本人　　　　7㎥　　50Kg 配偶者　　　8㎥　　50Kg 子女（1人につき）3㎥　30Kg （4㎥で押し入れ一つ分）	区分／船便／別送航空便 本人　　　　4㎥　　30Kg 配偶者　　　6㎥　　30Kg 子女（1人につき）2㎥　20Kg （大手×60%程度の処遇が多い）
国内荷物保管費用（トランクルーム）	●月額3万円までの費用を負担 ●5畳相当分の費用を負担	制度なし ⇒海外赴任者の実家などに送ってもらうor自己負担

項　目	大企業パターン	ベンチャー・中小企業パターン
旅費	実費支給 （役職によりビジネスクラスの利用も可能）	実費支給 （原則としてディスカウントエコノミークラス） （大手×60%程度の処遇が多い）
赴任支度金	区分／金額 単身赴任　　　　30万円 家族帯同　本人　30万円 　　　　　家族　20万円	区分／金額 単身赴任　　　　20万円 家族帯同　本人　20万円 　　　　　家族　10万円

　上図は、荷物運送費用や旅費、赴任支度金について、一般的な大企業パターンとベンチャー・中小企業パターンの支給例を比較したものですが、考え方としては、ベンチャー企業などは**大企業の60％程度の水準**で設計している会社が多いようです。

⑥ 住　宅

　住宅に関しては、海外赴任前の日本で住んでいた住居と、赴任地における住居の両方の取扱いを決める必要があります。

　大企業に比べ、ベンチャー企業では「行きたい人に行く機会を与

◎住宅に関する大企業とベンチャー・中小企業の比較◎

項　目	大企業パターン	ベンチャー・中小企業パターン
赴任前後の日本における住宅の取扱い	（赴任前）解約違約金 （赴任後）仲介手数料・敷金・礼金 を50％〜100％負担	支給なし （それでも海外に行きたい希望者のみ行けばいい！）
赴任中の赴任地住居	原則として会社負担	原則として会社負担or進出先によっては自己負担 （※家賃相当額を控除する）
赴任中の日本の住居（持ち家）	留守宅管理サービス費用を負担	支給なし （それでも海外に行きたい希望者のみ行けばいい！）

◎教育に関する大企業とベンチャー・中小企業の比較◎

項　目	大企業パターン	ベンチャー・中小企業パターン
海外赴任者への語学研修	海外赴任者だけでなく、帯同家族にも英語・現地語の習得のために必要な実費を会社負担とする	支給なし （そもそも語学ができる人が手をあげる）
帯同する子供の教育費	日本人学校分を会社負担 （※先進国の場合、現地公立校に通わせる場合もある。その場合、日本の教育課程に沿った教育を提供する通信教育費の実費を追加で補助することも一般的）	支給なし （独身者がメイン） （それでも海外に行きたい希望者のみ行けばいい！）

えている」という意識があるためか、手厚い取扱いは行なわないケースが多いといえます（上の表を参照）。

⑦教　育

　教育に関しては、海外赴任者の自分自身に関わる語学研修のほか、帯同家族がいる場合は子供の教育の問題も出てきます。それについてのルールの策定も必要です。

　教育についても、大企業に比べ、ベンチャー企業では「行きたい人に行く機会を与えている」という意識があるためか、手厚い取扱いは行なわない場合が多いです（前ページの下の表を参照）。

⑧予防接種・健康診断・医療

　予防接種については、会社の安全配慮義務上、必ず必要なものを受けさせましょう。また、健康診断についても日本勤務時と同様に年1回は赴任地等で受けてもらうことが安全配慮義務上重要です。

　こうした安全衛生に関することは、会社が従業員への安全配慮義務を履行するうえで、ベンチャー企業であっても手厚く取り扱う必要があります。

◎予防接種等に関する大企業とベンチャー・中小企業の比較◎

項　目	大企業パターン	ベンチャー・中小企業パターン
予防接種	赴任地の渡航上必要な予防接種を会社負担で受けさせる ◆厚生労働省の推奨する予防接種一覧	

	ポリオ	日本脳炎	A型肝炎	B型肝炎	狂犬病	破傷風
東アジア		○	◎	○	○	◎
東南アジア		○	◎	○	○	◎
南アジア	○	○	◎	○	○	◎
東ヨーロッパ	○		○	○		◎
北米					○	◎

◎：予防接種を強く推奨
○：局地的な発生があるなど、リスクがある場合に接種したほうがよい

項目	内容
赴任前・赴任後健康診断	6か月以上海外に派遣させる場合、あらかじめ健康診断を受けさせる義務がある。また、6か月以上海外勤務した労働者を帰国させ、国内の業務に就かせるときも同様に健康診断を行なう義務あり
赴任中の健康診断	国内勤務時と同様に1年に1回以上、健康診断を受けさせる（労働安全衛生法の適用はないが、企業の安全配慮義務上、当然に受けさせるべき）

安全配慮義務に関連して、傷害保険や出産費用については、大企業、ベンチャー・中小企業とも下表のように同様の取扱いを適用しているようです。

項目	大企業パターン	ベンチャー・中小企業パターン
海外旅行傷害保険	海外旅行傷害保険は必ず加入が鉄則 ● 赴任地の提携医療機関で、キャッシュレスで病院にかかることができる ● 歯科治療、妊娠・出産費用、慢性疾患については、保険の対象外になることが多いので注意（最近は保障するものもでてきています） ● 死亡時や救護費用等もカバーする保険が一般的 ● 海外旅行傷害保険で保障された分は、日本の健康保険・労災保険の給付の資格は失う	
出産費用	出産費用は上記のとおり海外旅行傷害保険の対象外となる。基本的には、日本に帰国してもらい、日本の健康保険から国内勤務者と同様の給付を受けるのが一般的	

⑨休　暇

　休暇については、赴任前・帰任後に必要となる、役所への手続き等のために取得を認める「**海外赴任休暇**」のほか、慶弔休暇、一時帰国休暇などの取得ルールを決めておきましょう。

◎休暇に関する大企業とベンチャー・中小企業の比較◎

項目	大企業パターン	ベンチャー・中小企業パターン
海外赴任休暇	役所の手続きや、引っ越し荷物の搬入等に利用してもらう休暇として、海外赴任休暇を付与 （例） 独身者・単身赴任者…海外赴任・帰任時：各3日 家族帯同者…海外赴任・帰任時：各5日	● 制度なし（有給休暇を利用する）or 全員各2日
慶弔休暇	● だいたい日本の就業規則に記載の慶弔休暇に＋2日程度（往復日数分）を付与することが多い ● 旅費は会社負担	慶弔はめったにないことに加え、一般通念上ここを減らすということはあまりない
一時帰国休暇	家族帯同者は1年に1回、独身者・単身赴任者は1年に2回等、日本に帰国するための休暇を7日間程度付与 ● 旅費は会社負担	1年に1回は帰国するための休暇を5日程度は付与することが多い ● 旅費は会社負担

⑩服務規律

　海外における海外赴任者を取り巻くリスクに対応できるように、服務規律の整備も重要です。

　風俗・宗教、贈収賄や治安上の注意など、海外では日本で勤務していたときよりもトラブルに巻き込まれるケースが多くなっており、海外赴任者独自の行動規範・服務規律を整備することがリスク管理上は必要です。

　特に、若い人を赴任させるベンチャー企業の場合には、こうした海外赴任者独自の**服務規律を整備することは必須**といえるかもしれません。

◎服務規律の設定例◎

#	中小・ベンチャー企業共通	✓
1	赴任地の法律を遵守すること	
2	赴任地の文化・慣習を尊重した行動をとること	
3	服装や生活態度等が華美にわたらないようにすること	
4	公務員等への贈収賄、違法な利益供与、違法な政治献金等を行なわないこと	
5	繁華街等、治安上のリスクがあると推測できるような場所にみだりに出入りすることを慎むこと	

4-7 海外赴任者の給与はどのように設計するか

社会保険料や税金は負担増にならないか

　海外赴任者については、国内で勤務していたときの給与の考え方とは大きく異なります。

　たとえば、日本だけでなく海外でも社会保険に加入しなければならない場合、日本の社会保険料だけではなく、赴任地の社会保険料についても、海外赴任者に負担させることは、赴任者本人にとって大きな負担となります。

　また、赴任地での税負担が税率の関係で国内勤務時よりも大きくなる場合は、国内勤務者との公平性という意味では、海外赴任者にそれをすべて負担させるのかという問題もあります。

　このように社会保険料や税金の負担の問題は、給与設計においてまず考慮すべき事項となります。

　それに加えて、EUや北米など日本よりも物価が高い地域に赴任させた場合に、どこまで給与として補償してあげるかという問題もあります。

海外赴任者の給与を設計する際のポイント

　海外赴任者の給与をどう設計したらよいか、と考える場合、次の2点について検討する必要があります。

- 海外における社会保険料・税金の負担を、自己負担とするのか会社負担とするのか
- 赴任する地域による日本との物価の差の分をどう給与に反映させるのか

給与の設計方法は

昨今、大手企業を中心に海外赴任者については、「**購買力補償方式**」という方法が多く採用されており、日本勤務時にかかっていた生計費を、赴任地においても補償してあげる、というような考え方で給与を設計することが多くなっています。

一方、ベンチャー企業が海外進出する際には、「行きたい人が手をあげればよい」「チャンスを若手社員に与えている」というような考え方で行なう場合が多く、「海外赴任をしてくれた社員を手厚く処遇する」という考え方は、なじまないケースが多くなっています。

そこでその場合には、基本的には日本勤務時の給与と同額を支給し、二重にコストがかかる社会保険料の負担などは、会社が負担してあげるといったケースが多くなっています。

◎海外赴任者に対する給与の支給方式◎

1	別建て方式	国内勤務時の給与を反映させず、海外勤務時の給与をまったく別の基準で設定する方式。会社が独自に赴任地（国・都市）の生計費や他社水準を調査し、海外払い基本給を決定する
2	購買力補償方式（人気）	日本と同等の生活水準（購買力）を赴任地でも補償をするというポリシーのもと、日本での生計費相当額に赴任地の生計費指数と為替レートを乗じて設定する方式。大企業を中心に多くの企業が導入している
3	併用方式	日本国内での勤務時の基本給をそのまま現地給与として、赴任地（国・都市）別に設定された海外生活費相当額や手当を加算する方式
4	ベンチャー方式（NEW）	ベンチャー企業で昨今、希望が多い方式。「海外勤務はチャンスを与えている」というポリシーのもと、日本勤務時と同額給与しか支給しない。海外赴任手当などは当然支給しない

海外赴任者の給与については、現地での社会保険料や税金の負担などを考慮しなければならないことが多いため、海外赴任地でパートナーとなる会計事務所等との連携も必要になります。

　海外進出の際には、信頼のできる日本でのパートナー、海外でのパートナー選びが肝になってきます。

おわりに

最後まで本書にお付き合いいただき、ありがとうございました。

本書は、私が日々スタートアップ・ベンチャー企業の皆さまの顧問として仕事をしているなかで、「スタートアップ・ベンチャー企業の労務管理のバイブルとなるような本をつくりたい」という想いから執筆したものです。

ベンチャー企業は、どうしても日々の営業や開発に追われ、管理部門は手薄になりがちです。
しかし、管理部門のなかでも労務に関しては、「人と人との問題」なので、後回しにすると経営にとって、やっかいな事態に発展してしまうことも多くあります。
企業が健全に従業員とともに成長していくためには、労務環境の整備は避けては通れません。

本書が、日々厳しい経営環境のなかで奮闘するスタートアップ・ベンチャー企業の経営者や人事担当者にとって、労務の知識を深めていただくきっかけとなり、「労務って意外と面白い」と思っていただく一助となれば幸いです。
弊社は、今後も企業の経営環境を理解したうえで、プロフェッショナルな労務顧問として、お客さまとともに考え、真に必要とされる労務サービスを提供し続けます。

最後に、本書を執筆するきっかけをいただきました特定社会保険労務士の佐藤広一先生、アニモ出版の小林さまに心からの御礼を申し上げます。

【寺島戦略社会保険労務士事務所】

　寺島戦略社会保険労務士事務所では、従業員規模数名のスタートアップ企業から300名を超えるメガベンチャー企業まで、多くのベンチャー企業を顧問先として支援しています。

　また、海外進出時の労務にも強みがあり、海外進出をお考えのベンチャー企業や、実際に10か国以上進出している企業まで広く支援させていただいています。

　労務管理や海外進出等についてご質問などがある方は、下記までお問い合わせください。

寺島　有紀

【問い合わせ先】

寺島戦略社会保険労務士事務所
(https://www.terashima-sr.com)
〒110-0014　東京都台東区北上野1-12-4
　　　　　　シティアドバンス一越セヴン1005
TEL：03-6823-0712

寺島有紀（てらしま　ゆき）

寺島戦略社会保険労務士事務所 代表、社会保険労務士。1987年生まれ、一橋大学商学部卒業。新卒で楽天株式会社に入社後、社内規程策定、国内・海外子会社等へのローカライズ・適用などの内部統制業務や社内コンプライアンス教育等に従事。在職中に社会保険労務士国家試験に合格後、社会保険労務士事務所に勤務し、ベンチャー・中小企業から一部上場企業まで、国内労働法の改正対応や海外進出企業の労務アドバイザリー等に従事。また、保険会社主催のセミナーや人事業界紙での執筆等にも携わる。
現在は、社会保険労務士としてベンチャー企業のIPO労務コンプライアンス対応から企業の海外進出労務体制構築等、国内・海外両面から幅広く人事労務コンサルティングを行なっている。

これだけは知っておきたい！
スタートアップ・ベンチャー企業の労務管理
2019年4月15日　初版発行

著　者　寺島有紀
発行者　吉溪慎太郎
発行所　株式会社 アニモ出版
　　　　〒162-0832 東京都新宿区岩戸町12 レベッカビル
　　　　TEL 03(5206)8505　FAX 03(6265)0130
　　　　http://www.animo-pub.co.jp/

©Y.Terashima 2019　ISBN978-4-89795-224-6
印刷：文昇堂／製本：誠製本　Printed in Japan

落丁・乱丁本は、小社送料負担にてお取り替えいたします。
本書の内容についてのお問い合わせは、書面かFAXにてお願いいたします。

アニモ出版　わかりやすくて・すぐに役立つ実用書

働き方改革を実現する「会社ルールブック®」

榎本 あつし 著　定価 本体2000円(税別)

就業規則を超えた、社員を動かすツールのつくり方から使い方までをやさしく解説。本当の働き方改革が実現し、職場風土がよくなり、社員の満足度も高め、生産性も向上する1冊。

人事・労務のしごと　いちばん最初に読む本

アイ社会保険労務士法人 著　定価 本体1600円(税別)

労働基準法の基礎知識から定例事務のこなし方まで、人事・労務のしごとに必要な実務のポイントをコンパクトに網羅。働き方改革にも対応した、すぐに役立つ必携ハンドブック！

管理職になるとき　これだけは知っておきたい労務管理

佐藤 広一 著　定価 本体1800円(税別)

労働法の基礎知識や労働時間のマネジメント、ハラスメント対策から、日常よく発生する困ったケースの解決法まで、図解でやさしく理解できる本。働き方改革も織り込んだ決定版。

海外赴任・海外出張の労務と税務早わかりガイド

佐藤 広一・檜田 和毅 著　定価 本体2500円(税別)

東南アジアへの進出を考えたら、いちばん最初に読んでおきたいガイドブック。人事・労務から賃金・給与、社会保険、個人税務、法人税務までのすべてが図解でやさしくわかる。

定価には消費税が加算されます。定価変更の場合はご了承ください。